いい家は無垢《むく》の木と漆喰《しつくい》で建てる

神崎隆洋

文藝春秋

いい家は無垢の木と漆喰で建てる〈目次〉

第1部　いい家とは何か

第2部　いい家を建てるための87の知恵

第1章　にせものを見抜く知恵

第3章　丈夫な木の家を建てる知恵

第4章 後悔しない家づくりの知恵

いい家は無垢の木と漆喰で建てる

はじめに

今日ほど、住まいの本質が見失われている時代はないと思う。住宅メーカーは、高気密、高断熱、外断熱といったことが良い住宅の条件のように言う。一部の建築専門家や大学教授がそれに賛同し、国までもが法基準を作って同調している。これらのことが、果たして本当に良い建築の本質を述べているのだろうか。その前に、もっと重要なことを見落としてはいないだろうか。

今の建築材のほとんどは、石油から作られた接着剤を使った製品である。柱、土台、梁《はり》は、木片を接着剤で張り合わせた集成材。壁には、薄い板一面に接着剤を塗って、何重にも張り合わせた合板が使われている。さらに、木を小さな木片にしたり、粉末状に砕いて接着剤で固めたパーティクルボードが、キッチンの箱や戸扉《こひ》だけでなく、ドア枠、窓枠、幅木《はばき》などの造作材に使われている。何千万円もする家が安物の家具と同じレベルにまで落ちているのだ。

確かに、冬にすき間風が入る家を好む人はいない。ペアガラス入りのサッシを使い、柱を壁で包む大壁の洋風の造りにして、さまざまな種類の断熱材を使うなど、気密性、断熱性の高い家が増えてきている。そういう傾向に拍車をかけるように、家のあらゆるすき間をふさいで、気密度を競う法律まで作った。

ところが、家全体が石油製品の接着剤、塗料、ビニールクロスでできているので、火災になると多量の黒煙と猛毒ガスを発し、一瞬のうちに人の命を奪う。石油建材から絶え間なく揮発するVOC（volatile organic compound＝揮発性ガス）は、人の健康を蝕《むしば》み、五〇〇万人もの人々をシックハウス症候群で苦しめている。現在は、かなり改善されてきているといわれてはいるが、いまだに辛い経験をしている人が後を絶たない。私の身近にも、そういう方が何人もいらっしゃる。

最近は外断熱工法が注目を浴びているが、これはポリスチレンフォームやウレタンフォームなどの断熱材で家をすっぽり包む工法である。こうした断熱材は燃えにくいとはいえ、石油製品そのものなのだから、火災時の危険性は非常に大きい。廃棄しても、自然に戻らないため、地球環境汚染にもつながる。果たして、こういう材料で造った家が「いい家」と言えるのか。

さらに、石油建材でできた高気密住宅内の空気は、有害な揮発性化学物質に汚染される心配がある。それを防ぐために二四時間換気システムが必要になる。そうしなければば、人の健康、さらには命までもが危険にさらされる恐れがあるのだ。こういう不健康な家が「健康住宅」の名で売られている。機械の力を借りなければ室内の空気環境を守ることができない家、一年中同じ室温の家が、あなたにとって健康的だと思うだろうか。これはまるで「身体を動かさないのが健康的」と言っているようなものだ。

さて、この根本的な問題を解決するにはどうすればいいだろうか。

高気密、高断熱のことを言う前に、建築に使う素材に心を配ることである。つまり、自然素材をできるだけ多く住宅建築に取り入れることだ。無垢《むく》の木、自然の石、壁には漆喰《しっくい》というように、数千年の歴史を持つ自然の素材を使ってこそ、真に値打ちのある「本物の家づくり」といえる。木にもピンからキリまである。ヒノキや青森ヒバのように素晴らしい香りを持ち、人の心を癒すばかりか、湿気にも強く、白アリすら寄せつけない、最も進化した木といわれるものから、米《べい》ツガ、ホワイトウッドのように白アリの食材になってしまう木まで、いろいろある。

集成材、各種の合板、パネルなど、「木もどき」の素材が住宅建築には多用されている。これは「無垢の木」「本物の木」とは別物だということを忘れてはならない。高気密、高断熱、外断熱工法を採用したとき、人の命と健康を守るために、自然素材を使うことが、いかに大切であるかを知らなければいけない。

第一部では、本当にいい家とは何か、無垢の木の素晴らしさはどこにあるのかを、できるだけ客観的に述べてみたい。第二部では、さまざまな建築工法、素材などを具体的に比較検討し、家を建てるときの参考にしていただければと思う。

神崎隆洋

第1部　いい家とは何か

こんな材料で「いい家」と言えるのか

写真Aは、高級住宅地の新築工事現場で使われていた床材である。東京の、ある大学の教授宅のものだ。写真をよく見ていただきたいのだが、この床材（フローリング）は、何とボール紙でできている。表面には厚さ〇・二ミリ程度の化粧突き板が張られているものの、その下はボール紙で、さらにその下が合板（ベニヤ）となり、それからまたボール紙になっている。

この建物を建てていた住宅メーカーは東証一部株式上場会社だが、その現場で使われている床材がこれである。立派な肩書きを持った建築主が、一流メーカーに発注した「いい家」の実態である。

写真Bは、紙を芯にして表面にビニールを張った幅木《はばき》である。幅木とは、床と壁との見切りに使う部材の名称だ。幅木という呼び名の通り、本来は木を使う部分であるが、今ではこのような紙やビニール、合板が使われている。

この家の建築主も、一流住宅メーカーに依頼したことを自慢していた。その方も一流大学出身だ。家づくりに学歴は関係ないのだが、物の本質が見えないことについて、少

A
ボール紙とベニヤでできた床材

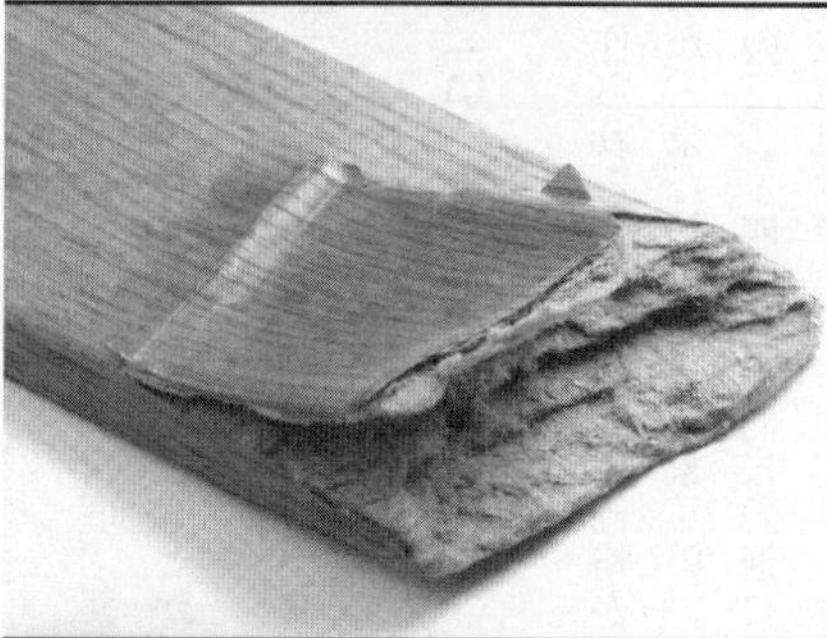

B
紙とビニールでできた幅木

C
木くずを薬品で固めた枠材

しばかり皮肉を込めて書いてみたのだ。

写真Cは、廃材の木を薬品で溶かして分解し、再度、薬品を加えて圧縮して、表面に木に似たプリントシートを張った枠材である。MDFとか、パーティクルボードといった、木くずを薬や接着剤で固めたものである。これが今、建築の大きな流れである。

このような材料で「いい家」と言えるのだろうか!

ビニールクロス張りの家が「いい家」なのか

ビニールクロスは石油から作られる化学製品で、価格が非常に安い。壁も天井もこうした素材で張って仕上げた家が、果たして高級な家、いい家と言えるのだろうか。ビニールクロスという壁装材がこの三〇~四〇年の間に急速に普及し、壁や天井の内装材として主流を占めてきた。建売住宅だけでなく、住宅メーカーも町の工務店も、部屋の仕上げ材として、たいがいこのビニールクロスを使っている。インテリアコーディネーターと内装の打ち合わせをするときに、建築主に提示される素材のサンプルも、ほとんどがビニールクロスである。

ビニールクロスは実に種類が豊富だが、何かに似せて作られているものが多い。例えば、和室の京壁に似せたクロスがある。本物の塗り壁は土や珪藻土《けいそうど》を混ぜて、左官屋がコテで仕上げるものだから、完全に別物だ。コルクに似せたビニールクロスもある。本物のコルクとは全く違い、見た目の味わいも調湿作用もない。

ビニールクロスは、石油が原料なので、何にでも似せて作ることができ、しかも安く大量に生産できる。施工も簡単で、このビニールクロスの裏に糊を一回塗って張るだけだ。とにかく、小ぎれいに安く速くできるので、爆発的に広がっていった。こんな便利なものはないように思われてきた。

ところが、七、八年前、このビニールクロスに大きな問題が発生した。ビニールクロスの裏に塗る糊に大量に含まれているホルムアルデヒドが原因で、住む人の健康が損われる事例があちこちで顕在化したのだ。その対応策として施工会社は、他の薬品の入った糊に替えていったが、その替えた糊にも石油化学製品の接着剤が使われているため、人体への危険性が心配されているのである。

問題は糊だけではない。ビニールクロスは石油からできたプラスチック製品で、軟らかくするために可塑剤《かそざい》を入れてある。その可塑剤が、あのビニール独特の臭いの原因となり、それからも揮発性ガスが発生しているのである。

ビニールクロスとは、何かに似せて石油から作られた安物の材料だ。壁、天井などの内装仕上げ材として、これ以上安上がりの材料はない。こんな材料を使って建てた家が、高級な家とは言いがたいし、「いい家」とはとても言えない。では、このビニールクロスに代わる、「いい家」の名にふさわしい材料があるのか。

そこで、ご紹介できるものが漆喰である。これは、五〇〇〇年もの歴史を持つ、優れものである。私も二〇年ほど使っているが、漆喰は自然素材で調湿作用を持ち、人の体にもやさしい。詳しくは後に述べることにする。

合板フローリングの床で「いい家」と言えるのか

薄い板を接着剤で重ね張りした合板の床材が、高級な製品、いい材料と言えるだろうか？

写真Dは、合板のフローリングである。合板とは読んで字のごとく、木を薄くスライスして接着剤を塗り、何枚も重ねて合わせたものである。断面でその様子が分かる。近年建てられている家の床は、街の工務店から、名の知れた住宅メーカー、さらに設計事務所が設計した家までも、ほとんどがこの合板の床材だ。

この合板の床材を見ると、伸び縮みが大変少なく、反りが来ない、表面にごく薄いナ

D
合板のフローリング

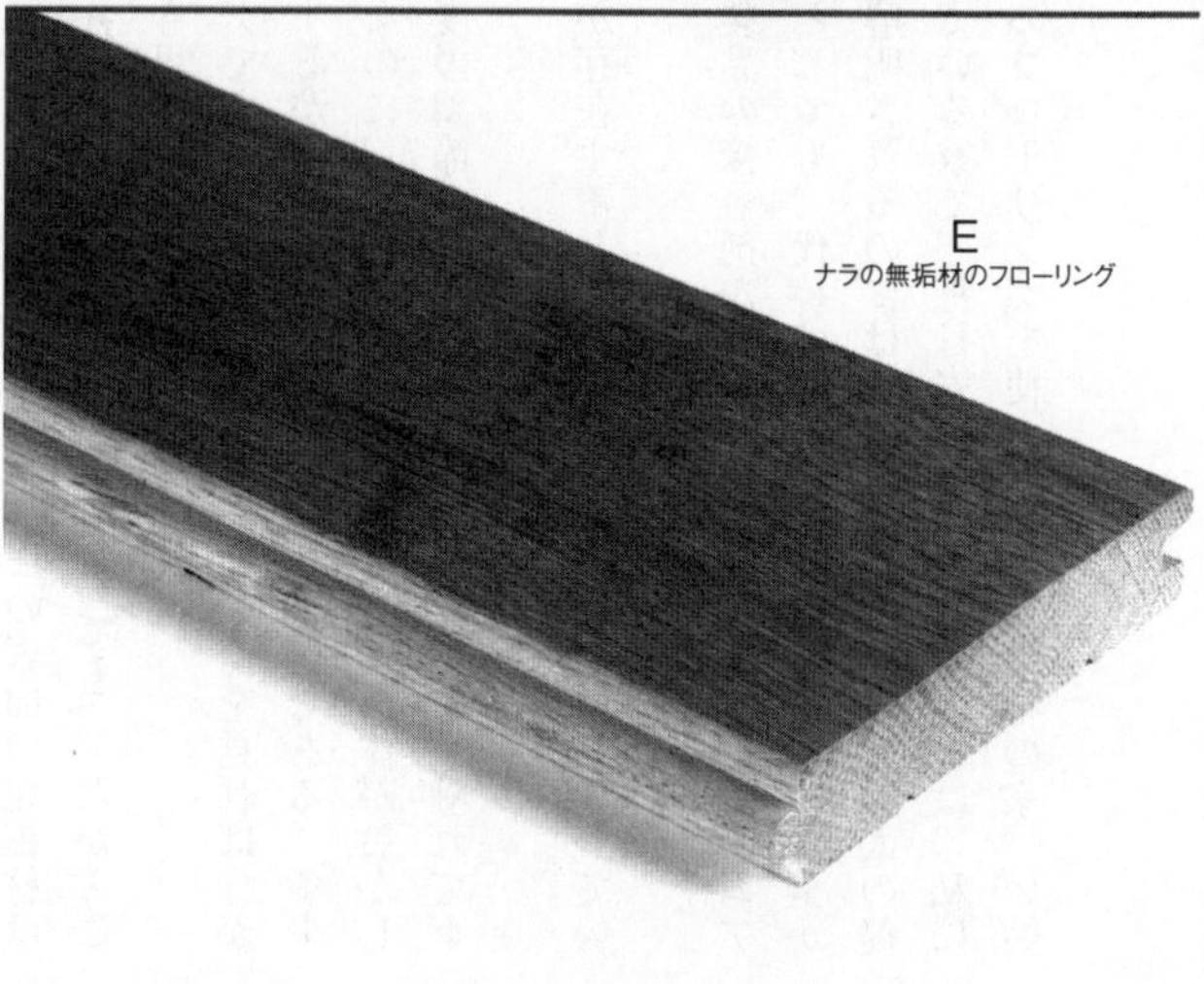

E
ナラの無垢材のフローリング

ラ材などの突き板を張り、見た目にも美しくしてある。しかし、「この表面の化粧材はしっかり接着剤で張ってあるので、はがれないから大丈夫」と言われても、「だからこの床材は信頼の置ける高級品だ」とは誰も思わないであろう。

写真Eは、ナラの無垢材のフローリングである。無垢材かどうかは断面を見れば分かる。無垢材は自然の木なので、伸び縮みするが、それこそ生きている証拠である。多少の反りやすき間が生じるのは自然なことなのに、それを欠陥と捉えること自体がおかしいのだ。木は生きているから呼吸し、湿度の調節もしてくれるから伸縮する。触れても温かい。

無垢の木でできた優れたフローリングが存在するというのに、合板の床材を使っている家を、「いい家」と呼べるだろうか。

合板は合板でしかない。そこには石油製品の接着剤が大量に使われている。ホルムアルデヒドの揮発量が基準値内に収まったとしても、代替の薬品がどれだけ人体に安全かはまだ明確に保証されていない。それが解明されるのには時間がかかるだろう。人の健康に害を及ぼす不安のある材料で造られている家で、毎日安心して過ごせるとは、私には思えない。床はすべて本物の木、無垢のフローリングを使ってこそ、本物の家、いい家と言えるのだ。

集成材や米ツガの土台にビックリ

アパート、倉庫、建売住宅など、ローコスト建築の土台には、昔から米ツガが使われてきた。最近では、集成材の土台も増えている。湿気の多い場所にある土台に、接着剤を多用した集成材を使うとは驚きである。

柱に集成材を使う世の中になってから、ずいぶん年数が経つ。それでもいい家なら、土台にはヒノキを使っている。しかし、建売住宅やメーカー住宅では、防腐剤を注入した米ツガの土台が使われている。米ツガ材はアメリカから安く大量に輸入されているマツ科の木である。木に油分が少なく、木肌がパサパサしている。あまり生気のない木で、湿気や腐りに弱い。白アリに食べられやすい木であることは、大工だけでなく、少し建築が分かる一般の人々にもよく知られている。米ツガの土台には、湿気や白アリ対策のために、防腐剤を注入する。これは安普請の家づくりの常套手段である。

今では米ツガどころか、土台に集成材を使っている。思わず、「マジ？」と聞き返したくなる。白アリに比較的強い米《べい》ヒバを使っているのだから、一本の無垢の土台として使えばいいものを、わざわざ小片を接着剤で張り合わせた集成材にする。その集成材を家の土台に使うとは。湿気にさらされて接着剤がどうなるのか、心配である。誇りを持っている大工職人なら、このような材料は決して使わない。良心的な工務店なら、土台には無垢のヒノキか栗を使う。これは昔から「いい家」の常識とされている。白アリに非常に強い青森ヒバも、土台にはうってつけの木であるが、本州の北の果てから関東まで木を運ぶ道が整っていなかった時代には、関東ではほとんど使うことのできない特殊な木であった。青森ヒバは無理でも、せめて土台にヒノキを使うのが、いい家を建てようとする人の良識ともいえる。

「専門家」の言うことを鵜呑みにしてはいけない

近頃、白っぽい木の集成材が、あまりにも多く使われている。これは北欧から輸入されている白い松、通称ホワイトウッドの集成材である。住宅メーカーや建売住宅会社の下で実際に工事をしている大工が、「こんな集成材を使って、いつまで家が持つのだろうか」という話をしているほどである。このような、木肌に艶もなく、木としての生気もない材料を使って、果たして大丈夫なのだろうか。

ハッキリ言う。「どうしてこんな悪い材木で家を建てるの?」。建築主がホワイトウッドの集成材を使ってくれと指定したのだろうか。そうではないだろう。住宅メーカーの勧めるままに決めてしまったのではないだろうか。住宅メーカーは、「集成材は無垢の木より丈夫でいいものだ」と勧めるからであろうか。

ホワイトウッドは北欧の乾燥した気候で育った木である。ドイツトウヒ、スウェーデンスプルース、ロシアエゾマツなどと同種の木で、日本のような高温多湿の国で土台や柱に使えるような木ではない。実際の木を見れば、素人の方にも容易に想像がつくだろう。

無垢のヒノキとホワイトウッドの集成材を見て、どちらが良質のものか分からない人が多い。一級建築士など建築の専門家の中にも、自分で物を見て感じようとしない人が多い。素人に近いように思う。住宅メーカーの人たちも、利益を上げることについてはプロであるが、家を造ることにおいては素人に近いかもしれない。

しかし、一番の問題は消費者の側にある。油分も艶もなく、力のない木を接着剤で固めた材料を見て、何とも思わない感性。そんな材料で建てる家に大金を投じる感覚。メーカーの看板を信じ、営業マンの言葉を鵜呑みにする。一級建築士の資格を持つ専門家や権威ある建築家を信じる。皆、集成材は良いと言っている。しかし、自分の目で、実物を見て確かめたことはあるのだろうか。でき上がった家しか見ていないのではないだろうか。こんな危険な家、いいかげんな家に大金を払うのはあなた自身なのだ。

こんなサイディングで「いい家」と言えるのか

写真は、ある住宅メーカーで建てた建物の解体現場から拾ってきたものである。サイディングは外壁の仕上げ材で、モルタル壁のひび割れを嫌う人々によって使われてきている。色や模様はタイルや石に似せて作られていて、材質的には多くの種類がある。紙くずをセメントで固めた安いものからコンクリートのように固くしっかりしたものまでさまざまである。写真は石をまねたデザインのサイディングである。厚みがあるので価格は比較的高いかもしれない。模様は「テッセラ」といって、御影石のような不規則な味わいのある高級な材料の仕上げ模様である。一見高級感があって、人気のデザインと思われる。

しかし、実際は木くずが中に含まれている。保温性を考えたのか、コストを考えたのかは分からないが、石のまがいもののデザインに変わりはない。本物志向の考え方からすると、安づくりということになるが、本物を使いたいところを、にせもので我慢するというのが、今の建築業界の主流なのである。

F
石をまねたサイディング

中に木くずが入っている

本物にこだわる人には、テッセラの自然石とまではいかなくても、高温で焼きの入った本物のタイルを使うことをお勧めしたい。強度と耐久性、高級感、さらに汚れにくさを考えると、外壁にはやはり本物のタイルが良い。もちろん、本物の石のテッセラなら素晴らしい。建築費に余裕がある方にはぜひお勧めしたい。本物の素材を使うことが「いい家」の基本と言えるだろう。

分かっていない

住宅展示場を見た後で私に会いに来られた方から、こんな話を聞いた。展示場の営業マンに「シックハウス症候群は大丈夫か」と尋ねたら、次のような返事が返ってきたという。「昔そんな話がありましたね。でも、今は全く問題ありません。ホルマリンは基準値以下ですし、高気密、高断熱、二四時間換気の健康住宅ですから、安心してください」。

営業マンにこう言われたら、見学者は「そうなのか」と信じてしまうかもしれない。私も住宅展示場でノンホルム住宅と認定されているモデルハウスの中に入ってみたが、嫌な臭気に包まれて「これはいったい何だ」という気持ちになった。

つい二年前に、シックハウス症候群で苦しんでいる人々が五〇〇万人（二〇〇〇年五月七日・朝日新聞朝刊）ともいわれていたのに、これが一瞬にして消えるはずがない。ノンホルムに替わったといっても、石油化学製品でできた、接着剤だらけの建材からは、多種多様のガスが揮発している。臭いのはこれらが臭うからで、石油建材ずくめの家であることに変わりはない。

今の住宅メーカーは、石油化学製品の建材を大量に工場で生産する体制だから、根本的な方向転換は不可能に近い。ところが、「分かっていない」のである。会社のトップも、展示場の受付の人も、消費者も分かっていないのである。現実に今も、病院にはシックハウス症候群で苦しんでいる人が相談に訪れているのである。中には、救急車で運ばれ、残念ながら亡くなる方もいらっしゃる。高気密、高断熱住宅ならなおさらだ。自然素材をより自然のまま使うことが、住宅建築にとっていかに重要であるかが「分かっていない」。

体が知っている

先日、住宅展示場を見て回った方が、私のモデルハウスを訪ねてみえた。二歳の男の子を連れた若夫婦である。モデルハウスの床は無垢の木のフローリングなので、足の裏から伝わる感触が温かく、やさしいことを実感していただいた。建てて一〇年近くになるのに、漆喰壁がほとんど汚れていないことに驚かれたようだ。これから建てる家の設計のことなどを話し合い、かなりの時間を過ごされたのだが、その時、若夫婦がこう言われた。「住宅展示場にいるときは子供が『早く帰ろう』と何回も言うのに、ここでは何にも言わないね」。二歳のお子さんも「ここは気持ちいいよ」などと言うのである。お世辞など言えるはずもない小さな子供は、何が良くて、何が悪いのか、体で分かるのである。

またあるときは、目の不自由な方がおいでになった。その方が玄関に入った瞬間、「空気がきれい……」。私のいるマンションの空気とは全然違う」と言われたのには、私のほうが驚いた。また、ドアの枠に手を触れて、「これはチークですね」と、すぐに言い当てたことにもびっくり。目が不自由なだけに、大切なことを体で素直に感じ取ることができるのであろう。つまり「体が知っている」のだ。

住宅展示場にいると、臭いが気になって長くいたくなくなるが、私のモデルハウスにいると心が安らぐと、多くの方が言ってくださる。低ホルム、ノンホルム、規制基準値以内といわれても、違和感があれば体が教えてくれる。地球上に生命が誕生したのは三五億年前といわれているが、その命の積み重ねが培った防衛本能といえる。体は正直なのだ。

「いい家」は自然素材を使って建てる

これまで述べたように、家はまがいもの、にせもので満ちあふれている。木もどきのもの、石のまがいもの、漆喰に似せたものなどばかりである。それらは安物というだけでなく、人の健康に害を及ぼし、火災時には瞬時に命をも奪う。こういう材料で造られた家が、「いい家」であるはずがない。

人が身近に接する内装材に自然素材を使った家こそ、「いい家」だといえる。なぜならば、人間そのものが自然から生まれたものだからだ。家の構造体も自然素材で造るに越したことはないが、建てる場所や規模によっては、鉄筋コンクリートや鉄骨でなければならないと法律で定められている。住む人が鉄骨や鉄筋コンクリートの方が好きだという場合もあるだろう。構造についてはそれでいい。では、内装はどうあったらよいのか、これが思いのほか重要なのである。

内装というと、インテリアコーディネーターが登場して、壁紙の色、照明や家具の選び方などをアドバイスしてくれるようだが、ここで私が言いたいのは、色やコーディネートの問題ではない。もっと重要なこと、今広く使われている素材に関する建築そのものの問題なのである。

床は合板のフローリング、壁や天井はビニールクロス、ドアやパネルはパーティクルボードなどの石油化学製品、それらに使われているのは接着剤。家の中は化学物質の氾濫である。ビニールクロスはプラスチックの一種であり、軟らかくするために可塑剤を入れている。接着剤も石油から作った薬品である。そこから揮発するガスをVOCと呼び、その一つがホルムアルデヒド、いわゆるホルマリンである。

今、科学が作り出した炭素化合物は二〇〇〇万種類もあるといわれている。接着剤やプラスチックの種類など、数え上げたらキリがない。健康に被害を与えないとされるホルムアルデヒドの室内濃度指針値は〇・〇八ppmとされているが、その指針値をクリアしたからといって安全とは限らないし、他の揮発性ガスが安全かどうか、人が長い時間その部屋に住んでみないと実際は分からないのである。国の定めた安全基準をパスしたメーカーの健康住宅も、住む人の人体実験を経てからでなければ、安全かどうか判断できない。シックハウス症候群で健康被害に遭っている人が五〇〇万人以上いると新聞で報じられている。その中には住宅メーカーの健康住宅は安全だという話を信じて建てた人も多いはずだ。

病気の危険性のある家、火災時には即死しかねない家が、いい家と言えるのか。高気密、高断熱、外断熱もいいが、それ以前に考えるべきことがある。人が生活する空間が石油建材で満ちあふれている……。これがいい家であるはずがない。

室内に使う素材が命

人間が最も身近に接する生活空間は室内である。そこにどんな建材が使われているかは、重要な問題だ。私が常に述べてきていることだが、この室内空間にこそ、自然素材を使わなければいけない。具体的に言えば、できるだけ加工していない無垢の木や漆喰がいい。

ところが、現実の家づくりでは、自然素材が生かされていない。住宅メーカーも、町の工務店も、大きなビルを造るゼネコンに至るまで、内装に石油建材を多用している。壁はビニールクロス、床は塩ビシートやアクリル絨毯、建具はビニールに木目調のプリントをしたもの、接着剤で固めた合板やパーティクルボード、石油化学製品の氾濫である。これらから発するＶＯＣ、すなわち揮発性ガスがシックハウス症候群の原因になっていることは、新聞、テレビなどマスコミに頻繁に取り上げられている。これに対する業界や国の反応は、有害と認定されるホルムアルデヒド、トルエン、キシレンなどのガスを発しない、ほかの接着剤や塗料に切り替えることだった。しかし、これでは他の石油化学製品に移行しただけのことで、現在よしとされている製品が本当に安全なのかどうかは、実際に人が住んで、一〇年、二〇年たってみなければ分からない。人体実験をされているようなものだ。

住宅メーカーや建材メーカーは、無垢の木が反ったり伸縮したりする自然の動きを「扱いにくい、加工しづらい」と悪く言い、動かない、変化しない建材を売り続けてきた。その結果、多くの人々をシックハウス症候群で苦しめている。品確法（住宅の品質確保の促進等に関する法律）でも、建築における狂いの許容度を一〇〇〇分の六までと定め、家の瑕疵《かし》、欠点の判断基準としている。つまり、この基準に照らすと、伸び縮みする無垢の木は欠陥品ということになるのだ。おかしな話ではないか。私に言わせれば、有毒ガスを発生させる新建材こそが欠陥品で、そのような家こそ欠陥住宅なのである。

このような基準がまかり通る現代だからこそ、家を建てようとする人は、自分の判断基準をしっかり持ち、自分の命を自分で守らなければいけない。できるだけ自然の木、無垢の木を使い、壁や天井には本物の漆喰を使うことが大切だ。中には漆喰のクロスなどというまがい物があるようだが、左官のコテで塗った本物の漆喰壁を取り入れなければ、本来の漆喰の力が発揮されない。

天然の材料、本物の素材を使ってこそ、本物の価値ある建築ということができる。健康と命を守るために、気密性が高まっている今の建築にこそ、何千年も人と身近に接してきた自然素材、木と漆喰を使うべきなのである。

なぜ木は温かく優れた断熱材なのか

「木のぬくもり、木のやさしさ」という表現をよく耳にする。住まいから身の回りの家具まで、自然の木には確かに温かみがある。この木の温かさは、いったい何によるのか。科学的な説明は案外なされていない。ある人は、導管や繊維の間に空気を取り込んでいるからだという。私は、生き物の証しである木の細胞にこそ、その力があるのではないかと考えている。

細胞は、一七世紀の半ば、イギリスの科学者ロバート・フックによって発見された。倍率約二七〇倍の顕微鏡でコルクの切片を観察していたフックは、コルクには小さな部

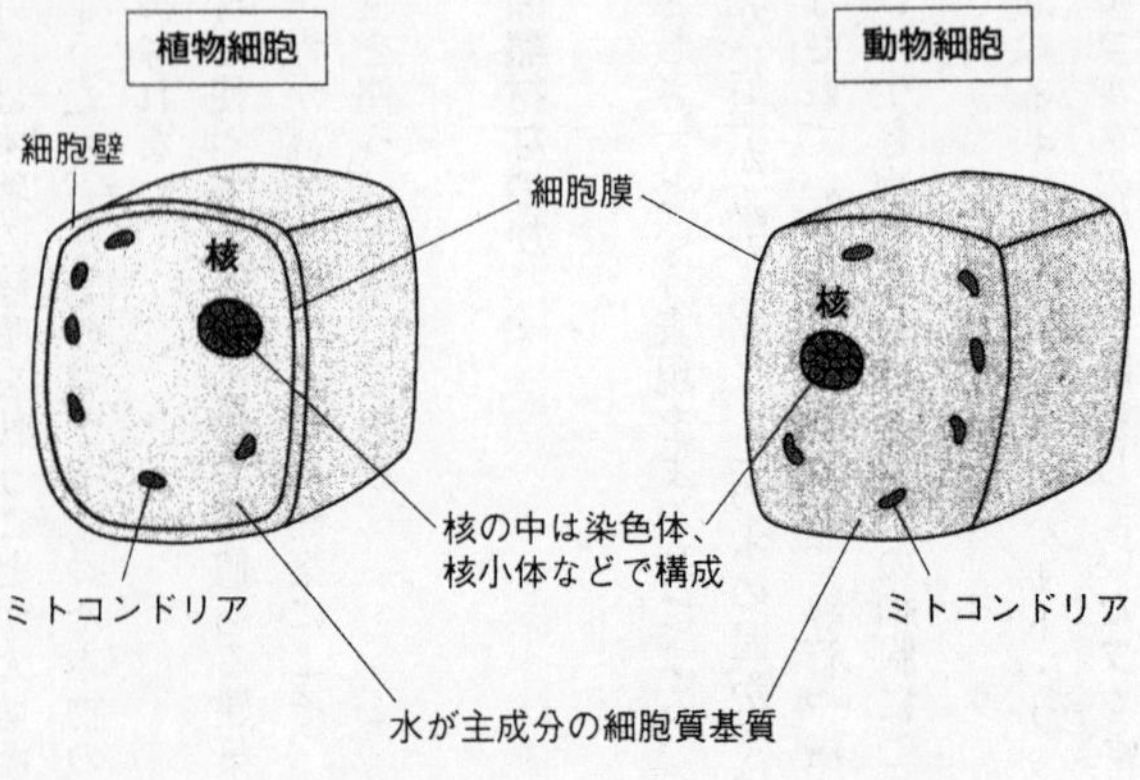
植物細胞
動物細胞
細胞壁
細胞膜
核
核
核の中は染色体、
核小体などで構成
ミトコンドリア
ミトコンドリア
水が主成分の細胞質基質

屋（cell＝セル）があることを見つけ出した。その後、動物も植物も、すべての生物は細胞でできていることが分かる。細胞の発見は、後の医学、生命科学の進歩に大きく貢献することになる。

細胞を大きく分けると、植物の細胞と動物の細胞がある。細胞の中は、水を主成分とする細胞質基質で満たされていて、その中に浮いている状態で、染色体が入っている核、命の元のミトコンドリアなどがある。生命に水が必要なのは、この細胞質基質が、お腹の赤ちゃんを守る羊水のような役割をしているからだ。染色体の中にあるＤＮＡ（遺伝子）が木の種類を決定し、葉の形を決め、春になると色とりどりの花を咲かせるのである。

図で説明してみよう。植物細胞と動物細胞との共通点は、細胞膜で囲まれていることだ。そして根本的な違いといえば、植物細胞には細胞壁があり、動物細胞にはそれがないことだ。切り倒された木が、木そのものの原形を保てるのは、植物細胞だけが持つ細胞壁が、固いセルロースでできているからである。植物も動物も、生命活動をしているときは、細胞は水で満たされている。動物が死ぬと細胞膜から水分が抜けて干物のように小さな塊になる。

一方、木は切り倒された後、細胞の中の水分が抜けていくが、細胞壁が木の原形を維持し、空間を作る、つまり空気の塊ができる。それも、空気を含んだごく小さな空間である。

空気の熱伝導率はゼロに近く、空気の熱移動は対流によって起こる。だから空気を微小空間に閉じ込めて対流を防げば、熱の移動が起こらない。この独立した微小な空気の部屋が熱を断つため、木は優れた断熱材になるというわけである。手で触れて温かいということは、手の熱が木に伝わりにくいということ、言い換えれば木は手の熱を奪わないということだ。木のやさしさとは、木の優れた断熱性を物語っているのである。

なぜ木は呼吸し、結露しないのか

木は「切り倒されても生きている」とよくいわれる。「生きている」という表現の一つに、「木は呼吸する」という言い方が昔からある。木の呼吸とは、何を意味しているのだろう。

約一二センチ角の無垢のヒノキの柱は、一升瓶二〜三本分の水を吸収したり排出したりするといわれている。室内の湿度が高いときには木が湿気を吸い、室内の乾燥が進むと、水分を室内に放出する。この水分の出入りを見て、「木は呼吸する」というのだろう。湿気は導管や繊維の間に取り込まれるという説があるが、根本的にはこの細胞の働きによるという私の見解は、前にも述べた。

細胞の境にあって湿気などの出し入れをするものが細胞膜であり、この細胞膜は浸透性を持っている。そのために細胞の中にある水分が抜けるのである。細胞膜がビニールだったら、いつになっても水分は抜けない。浸透膜には、微小な穴が開いていて、膜の内と外の湿気（分子）の濃度に違いがある場合、均等になろうとする。これが木の呼吸にたとえられるのである。

木の表面に湿気や水分が近づいても、木の中に取り込まれるから、木の表面はサラッと乾燥状態になっている。だから木は結露しないのである。

漆喰壁は五〇〇〇年の歴史を持つ優れもの

日本の家づくりには、昔から漆喰が使われてきた。文化財に指定されている貴重な建物の白壁も、みな漆喰である。だから漆喰といえば日本の家の壁というイメージが浮かぶかもしれないが、実は五〇〇〇年前のエジプトでも使われていた。ピラミッド内の墓にあった壁画の下地に漆喰が塗られているのだ。地中海の白い建物の壁も漆喰である

石灰（炭酸カルシウム）　炭酸ガス（二酸化炭素）　生石灰（一酸化カルシウム）　消石灰=漆喰（水酸化カルシウム）

$$CaCO_3 \xrightarrow{\text{焼く}} CO_2 + CaO \qquad CaO + H_2O \xrightarrow{\text{水}} Ca(OH)_2$$

分かりやすく書くと　Ca＋O　H＋H＋O　Ca＋2×(O＋H)

Ca：カルシウム　C：炭素　O：酸素　H：水素

し、レオナルド・ダ・ヴィンチの「最後の晩餐」や、ラファエロの「天使の壁画」の下地も漆喰である。漆喰がなぜ、世界の人々に五〇〇〇年にもわたって愛され続けてきたのか、その謎に迫りたいと思う。

　漆喰の壁を仕上げる場合、わざと壁面に凹凸の模様を付け、味わい深い雰囲気を出すことがある。凹凸を付けることにより、壁の表面積が大きくなる。傷を付けても補修しても気にならない。漆喰自体、軟らかく優しい材質で、凹凸に手で触れても痛くない。静電気が発生しないせいか、一〇年経ってもこの凹凸にほとんど埃が溜まらないのが不思議である。テレビの後ろの壁も、埃が集まってこない。家の中はいつも清潔である。

　漆喰の原料は石灰（炭酸カルシウム）で、

それを焼いて生石灰《きせっかい》にし、さらに水を吹きかけて消石灰《しょうせっかい》にする。この消石灰が漆喰である。参考のために化学式を書いておく（右）。

消石灰は、カルシウムと水素と酸素でできている。水酸基（ＯＨ）はマイナスイオンの塩基（アルカリ性）である。残るのはCa（カルシウム）で、骨の元にもなるような、人にやさしい成分元素だ。実に安心の化学式といえる。

漆喰壁の当社のモデルハウスに入られた方が、空気がさわやかで気持ちがいい、とおっしゃるのは、この漆喰のおかげだと思う。前にも述べたように、ビニールクロスは本来プラスチックで、軟らかさを出すために可塑剤を加えているため、それから出る化学成分が臭く、人体によくない。漆喰とビニールクロスの、あまりの違いに驚くばかりである。

漆喰はなぜ快適な住まいを造るのか

私が新しく建てた家に建築主が移って、二～三カ月後くらいに、「とても快適な住まいだ」という手紙や電話をいただくことが多い。とにかく気持ちがいいという話はよくうかがう。どうしてそのようにさわやかな住まいになるのか、私にとっても驚きであり、またうれしい限りである。

一〇年くらい前から、住宅メーカーだけでなく、建売住宅、街の工務店などが建てた家に引っ越した場合、新築独特の臭気が漂い、不快極まりないケースがほとんどになっている。換気扇を回しっぱなしにしなければ住めないような家さえある。ホルムアルデヒドの数値は基準内に納まっていても、他のVOC（揮発性ガス）は数多くある。それこそ二四時間換気システムを付けなければ住めないだろう。一方、私が設計して建てた家のお客様は、先ほどの言葉のように、これと全く逆のことを言っているのである。どうしてなのか、不思議である。

二〇〇二年五月、新宿の紀伊国屋ホールにおいて「無垢の木と漆喰で家を建てる」というテーマで話をさせていただいた。講演のあと、大田区に家を建てられたお客様がご夫婦で私のところにおいでになり、お話をした。新築される前、奥様はアトピー性皮膚炎を患っていたということだった。ところが、新居に移ってから症状が軽くなり、かかりつけの医師からも「もう大丈夫、治っている」と言われたそうである。私は、家を設計する段階で打ち合わせをしていた時は、奥様のアトピーの話は全く伺っていなかったので、実に驚いた。

もう一つ、病院に勤めている知人の例をお話ししよう。マンションを買うことになり、私に室内の改装を依頼してきたので、床は無垢のナラ材、壁は漆喰で仕上げた。引越しの二〜三日後に話をする機会があったのだが、「今までは朝起きるといつも頭が痛くて仕方がなかったが、改装した今の住まいでは頭痛がなくなった」というのである。これにも驚かされた。

これらの現象をどう捉えればいいのだろうか。私はそれらを、漆喰の働きによるものではないかと考えた。あくまでも仮説であるが、漆喰はホルムアルデヒドなどの揮発性有害化学物質を分解するか吸着する働きをするのではないだろうか。

前に述べたように、漆喰は水酸化カルシウム（消石灰）で、これがホルムアルデヒドと反応し、分解するという可能性が考えられる。漆喰がホルムアルデヒドを消してくれるとすれば、空気は浄化され、有害なガスが取り除かれる。つまり、漆喰が空気中の臭気や毒気を食べてくれるのではないか、と考えたのである。漆喰は中国から伝わったといわれているが、昔の人はこうした性質を知っていたのではないだろうか。子供のころ、叱られて蔵の中に入れられたら涼しくさわやかな気持ちになったという体験談も聞いたことがある。

もし、漆喰がホルムアルデヒドを食べるとすれば、次頁のような化学式になるのだろう。化学反応は、圧力、温度、触媒などが関係するので、必ずしもこの式が成り立つと

消石灰＝漆喰（水酸化カルシウム）　　（ホルムアルデヒド）　　石灰（炭酸カルシウム）　　（水素）

$$Ca(OH)_2 + HCHO \rightarrow CaCO_3 + 2H_2$$

分かりやすく書くと

Ca＋O＋O＋H＋H　　H＋C＋H＋O　　Ca＋C＋O＋O＋O　　4×H

Ca：カルシウム　C：炭素　O：酸素　H：水素

は限らないのだが、参考までに書いてみた。

要するに、漆喰の働きによって、アトピーや頭痛の原因となっているホルムアルデヒドが消える、というのが私の仮説である。こうした説は既にあるのか、それとも新しい発見なのだろうか。いずれにしても、今後はホルムアルデヒド以外のＶＯＣ（揮発性ガス）の反応も研究し、実験もしていきたい。

漆喰は全世界で、五〇〇〇年前から親しまれ、使われている。人類の友であり、宝であると私は思う。

高気密・高断熱・省エネ住宅にこそ無垢の木と漆喰を

冬のすき間風は、誰でも苦手である。暖房しても少しも暖まらない。これはエネルギーの無駄使いというものであろう。そこで近年、気密性と断熱性の高い建築が求められている。もちろん、建築主の中には、気密性の高い家は息苦しく、アトピーやシックハウス症候群が怖いという考えの人もいる。またある人は、徒然草にあるように、家は夏を考えて建てるという教えを生かしたいと言う。七六歳になるご婦人から、アルミサッシではなく昔のような木の戸を使い、断熱材は床にも壁にもどこにも入れない、との指示をいただいて、家を建てたこともあった。これはこれで、一つの考え方だろう。良い悪いの問題でなく、住む人の好みの問題である。そのご婦人は、その後も元気に住まわれているが、私がこうした家を勧めているわけではないので、誤解しないでいただきたい。

さて今の建築は、私の建てている家も例外なく、防火上、外壁はモルタルやタイルなどの不燃材で覆い、室内も柱を壁の中に入れる大壁造りが主流である。さらに窓はアルミサッシで、ガラスは二枚のペアガラス。複層ガラスの中には三枚というものもあり、気密性、断熱性が高くなっている。

私が設計して建てている家も、同じように暖かい家になっている。外断熱の家を造る場合、発泡ポリスチレンの代わりに、断熱性が高く暖かい、本物の桐（厚さ二二ミリ）で家を包むこともある。桐は、湿気を調節する。もちろん、結露などない。

内断熱の場合は繊維系のロックウールの断熱材を使うが、それでも結露はない。これは当たり前である。構造にも造作にも無垢の木をふんだんに使っていて、木が湿気を調節してくれるからだ。無垢の木の家は結露しにくいのである。

冬、浴室が湯気でいっぱいになっても、壁や天井に無垢のヒノキやヒバを張ってあれば、決して水滴は垂れてこない。表面はさらっとしている。木が結露しない証拠の一つになるだろう。

合板やパーティクルボードなど木のまがい物は、接着剤で木の呼吸を止めているので、行き場のない水が繊維系断熱材に溜まるのである。結露の犯人は木の格好をしたまがい物の木、にせものの木で造った家にあるといえる。室内でも同じで、合板の床、ビニールクロスの壁天井、合板や集成材、パーティクルボードやMDFなど、息の詰まるような素材で仕上がっている。住む人が病気にならないほうが不思議である。シックハウス症候群とは、言葉を変えれば、家そのものが病気だということである。家が病気なら、その家に住む人が病気になるのは自然の成り行きといえよう。

その根本的解決法は、石油化学製品を使用した建材を使うのではなく、木そのもの、自然の木、無垢の木をできるだけそのまま使うことである。接着剤で固めて木をもっと強くしたとメーカーは宣伝しているが、木は本来、そのままで充分に丈夫なものだ。科学の本質を知らない、浅はかな知恵といえる。

漆喰も五〇〇〇年の歴史を持つ健康的な素材である。調湿作用があるので、当然結露はしにくい。その上、有害ガスを分解または吸収することも考えられる。だから、高気密・高断熱の家にこそ、無垢の木と漆喰など自然素材を使うことが大切なのだ。自然素材こそが住む人の命と健康を守ってくれるのである。

間違った結露の考え方

某大学工学部の教授が、住宅雑誌数ページにわたって「断熱」の話を書いている中で、結露について次のように述べているところがある。

「もともと、室内の水蒸気が壁の中に浸入してしまうことが結露の原因です。ですから、部材同士の継ぎ目を塞いで、水蒸気が入り込む隙間をなくす必要があります」

この考えは少しおかしいと思う。壁の間に室内の水蒸気が入り込むことによって結露が発生するとしたら、壁の中はもともと乾燥した状態なのだろうか。そんなことはない。日本は湿気の多い国である。梅雨もあれば、秋の長雨もある。室内外だけでなく、壁の内側も湿気でいっぱいだ。

結露とは、空気中の水蒸気が、温度の低下によって水滴になることである。これは、中学の理科で習う程度のことだ。空気中に含むことのできる水蒸気の量は、温度によって変わってくる。温度が高ければ、多くの水蒸気を含み、気温が下がれば少なくなる。温度が下がって空気中にいられなくなった水蒸気が水滴となり、壁や窓に付着する。それを結露という。

壁の中はどうだろう。壁の中の空気にも、当然湿気が含まれている。日中、太陽に照らされると壁の温度は上がり、湿気は水蒸気の状態でいられるが、夜になると冷えるので、結露が発生しやすくなる。壁の中に生じた水滴はどこへ行くのか、これが一番問題なのである。

家を造っている材料が無垢の木なら、木に調湿作用があるので、湿気を吸ってくれるのだが、合板やパーティクルボードなど、接着剤で作られた材料だと、湿気の調整がされにくいのだ。合板は、厚さ一ミリにもならない薄い板一面に接着剤が塗られているので、湿度の調整はほとんどできない。木くずを接着剤で固めたボードなどは、なおさら水分を吸わず、湿気の行き場所がない。壁内にグラスウールの断熱材が使われていれば、断熱材はその行き場のない水を吸って、びっしょり濡れてしまう。これはグラスウールに問題があるのではなく、調湿作用の非常に少ない新建材でできた住宅に結露を生じさせる根本的な原因があるからなのだ。

私が設計した家の建築主が、青森ヒバの無垢の板を壁天井に張った浴室に入って、湯気が立ち込めているにもかかわらず木の表面はさらさらしている、と言って驚いていた。木が湿気を取り入れてくれるからこそ、木肌が乾燥している感じになるのである。

無垢の木と漆喰が室内の結露を抑える

無垢の木や漆喰には、湿気を吸ったり吐いたりする「調湿作用」があるから、室内の結露の発生を抑えることができる。これは前に述べた通りである。

もし、室内の床、壁、天井をビニールシートで覆って、その部屋の中でお湯を沸かして湯気でいっぱいにするとどうなるか。火を止めて、室温が下がると、ビニールシートの表面に水滴が溜まって流れ落ちてくる。ビニールシートは、水を吸わないからである。

もし、ビニールシートの代わりに、発泡スチロールやポリスチレンフォームを使ったらどうだろう。断熱性が高いので室温が下がるのは遅いが、下がれば湿気は水滴となって、ポリスチレンフォームの表面に付着する。これらの発泡材は湿気を吸わないので、ビニールシートと同じように、表面に結露が生じるのだ。

一方、無垢の木はどうだろう。湯気が充満している浴室のヒノキの壁が、いつでもサラッと乾燥していることは、建築主の体験からも実証済みである。木が湿気、水分を吸い込んでくれるからである。漆喰も、木と同じく、空気中の湿気を吸ってくれる。だから、漆喰壁の表面には結露が発生しにくいのである。結露しない部屋には、カビが発生しない。健康的である。

つまり、結露のない室内を作るには、無垢の木を使い、左官で仕上げた厚みのある漆喰壁にすればよい。

換気扇を回しっぱなしの家は不衛生

新鮮でクリーンな空気が家中を満たす、というキャッチフレーズの二四時間換気システムが一つの流行のようになっている。これは、機械換気扇を使って外の空気を取り入れ、空気中のほこりや菌をフィルターに吸着させ、ダクト（筒状の配管）を通して各室に送るというものだ。しかし、きれいな空気というものを、ダクトや給排気孔やフィルターを通して送れるものだろうか。

常時換気扇を回し、ダクトを通して室内の空気を排気している通気孔のガラリは、ぞっとするような不潔、不衛生さだ。風が同じ場所を通り続けると、空気が接するガラリやフィルター、ダクトの筒、壁面に、空気中の湿気とともに多種多様のゴミや雑菌が付着してしまうのだ。

車のエアコンのスイッチを入れたとき、不快な臭いが吹き出してきた経験をお持ちの方は少なくないだろう。フィルターを通すと、どうしてもそこにゴミが付き、菌が付着する。フィルターは常に清潔にしておかなければいけないのだが、実際にはそう簡単にはいかない。もし、室内の空気をエアクリーナーなどのフィルターを通して循環させるシステムを採用するならば、実に不衛生となる。

今、シックハウス症候群が多くの人の健康を損ない、大きな社会問題になっている。シックハウス症候群は、最初、アメリカで問題になった。オフィスビルの空調システムのダクトに溜まった雑菌によってビル内の空気が汚染され、多くの人々が病気になったのである。「きれいな空気を各室に供給する」と言葉では簡単に言えるが、実は不衛生で健康をおびやかすものかもしれないのだ。

外の空気がきれいならば、わざわざ換気扇を回して不潔なダクトを通す必要はなく、窓を開ければ済むことだ。大きく窓を開ければ、ほとんど一瞬のうちに室内の空気の入れ換えができる。機械換気の効率の悪さは、窓のないトイレの臭気を体験していれば分かるだろう。高気密・高断熱の家であっても、窓を開ければ自然の風が充分に通り抜ける設計は、家としての基本だ。換気扇を二四時間、年から年中動かしたからといって、きれいな空気を各室に取り入れることは、原理的にいって無理がある。一日中、一年中、換気扇を回し続ければ、モーターも焼けるし、電気もムダになる。電気代は大したことがないから、あまり考えなくてよいという専門家もいるようだが、呆れた話である。日本中の家で絶え間なく換気扇を回し続けたら、消費電力はたいへんな量になる。

また、外の空気が汚いから換気扇のフィルターでクリーンにして取り入れる、という考えもあるかもしれない。しかし、交通量が多くて排気ガスでいっぱいの道路に接する家ならともかく、一般の家では室内の空気より外の空気のほうがきれいなのだ。外気が汚染されているとしたら、その外の空気そのものをクリーンにしていく必要があるだろう。木をたくさん植え、空気を浄化し、環境をよくすることは、これからの大切な課題だ。

換気は室内の空気をクリーンにするためだと考えられているが、では、なぜ室内の空気がクリーンではないのか、その理由を改めて考えてみてほしい。室内の空気中の菌なのか、ホルムアルデヒド等の、建材から揮発する有害な物質なのだろうか。そういったものをクリーンにするために、機械を使って換気するより、有害物質を揮発する建材を使わないことが根本的な考えかたではないだろうか。高気密・高断熱の家ならなおさら、自然素材を使っていくことが大切であり、道理である。

二四時間回る換気扇は、不衛生なだけでなく、その振動が耳障りで安らぎを奪われたりする。また、電気がつけっぱなしになるので、火災の原因にもなりかねない。快適な家づくりの基本は、そういったものに頼ることなく、家の中を風が自然に抜ける設計にし、有害な物質の発生しない自然素材を使用することである。

住まいの構造は何が良いか

人が生活する場として最も適しているのは、木の住まいである。これは、誰でもそう感じるところである。しかし、地震や火災のことを考えると、鉄骨や鉄筋コンクリートの建物のほうがいい、という気持ちになる。当然のことながら、家づくりにはそれぞれの考え方があって、木造、鉄骨造、鉄筋コンクリート造などの中から好きな工法を選んでいることだろう。もちろん選択は自由だが、それぞれの工法が長所と欠点を併せ持っていることをしっかり認識しなくてはならない。ことによると、それらの長所や欠点に間違った思い込みを持ち、誤解したまま家を選択している人もいるかもしれない。第2部で、各工法の特徴を詳しく検討してあるので、ここでは簡単に比較してみることにする。

鉄骨のプレハブの家は、音が家全体に響きやすい。鉄には火がつかないから火に強い、と思いがちであるが、火災時の熱に弱く、溶けて曲がってしまう。鉄は冷え込みが強く、結露しやすく、柱内部やボルト付近が錆びやすい。引っ張る力には強いが、薄い鉄骨は圧縮に弱い。強度計算をしてギリギリの、薄く細いC型の柱や角柱にしてしまうので、鉄骨プレハブ住宅特有の柱が出現することになる。それでも「地震に強い」と思い込むのは、鉄は強いというイメージがあるからだろう。鉄は強いために、薄い部材にして利用されがちである。高層建築の場合は大きくて肉厚の重量鉄骨が使われる。しかし、それでも熱には弱いのである。

次に、鉄筋コンクリートの家だが、これは人の住まいには最も適していない。コンクリート打ち放しの家など、最も病気になりやすい住宅といえる。設計士や有名な建築家が好んで建てているが、不健康で非科学的な住宅建築である。まず、コンクリートは熱伝導率が大きく、熱容量が非常に大きい。太陽に照らされたら、とてつもなく熱くなり、冷めにくい。冷たくなったらなかなか暖かくならない。砂、砂利、セメントと大量の水を混ぜるので、軀体《くたい》が乾燥するのに何年もかかる。それでもコンクリートが好まれている理由は、まず火災に強いことだ。地震にも強い。耐火、耐震性に優れ、音に対しても遮音性が高く、防音効果が大きい。しかし、快適な生活環境とはとうてい言えない。

　さて、木造はどうだろう。自然の無垢の木を使った場合を述べるが、木はその中に空気を含んでいるので、優れた断熱性を持ち、触れて温かく、湿気の調節をし、結露が発生しにくい。「木は呼吸している」ということだ。木肌のおだやかな光の反射は目にやさしい。ヒノキやヒバなどの木の香りは人の心にやすらぎを与え、しかも虫を寄せつけない。木は、鉄やコンクリートに比べて、単位重量に対する強度が大きい。圧縮力でいえば、同じ重さがあるコンクリートの倍の強度がある。軽いのに強いのである。ただ、木は火に弱いというイメージがある。必ずしもそうではなく、太い木は表面が燃えても芯のほうには火が通りにくい。また、燃えても石油建材のように有毒ガスを発生しない。

このように、構造を比較検討してみると、木造はさまざまな点でバランスが良く、住まいの建築に適しているのである。

鉄骨・鉄筋コンクリートの室内にこそ自然素材を

マンションやオフィスビルなどの大規模建築物は、鉄骨や鉄筋コンクリートで建てなくてはいけない。火災が発生したとき、ある一定時間内、建物が崩れ落ちないことを前提に、耐火建築物にしなくてはならないことが法律で定められているからだ。高層建築物でもあるので、耐震計算もしっかりできていなくてはならない。

しかし、前にも述べた通り、鉄やコンクリートの建築物は、人が長く健康的に生活する場所には適していないのである。さらに、建物の内部に関しても、さまざまな法的規制がある。まず、防火対策上、不燃材や準不燃材、防炎材、難燃材など、燃えにくい材料を使用することが定められている。また、火災時に避難する出口までの距離や、火が広範囲に広がらないよう、防火区画を設けることなどが義務付けられている。

ところが、こうまで法律で規制しても、いったんビル火災が起これば、煙を吸った人は走れない、歩けない、動けないという状態になるのである。これでは、耐火構造、避難通路、防火区画の意味がない。

ここには根本的な誤りがあると思う。それは、燃えにくい材料として、石油建材を使っていることである。床はPタイルや長尺塩ビシート、腰板はプラスチックやビニール建材、壁はビニールクロス、建具は合板やビニールシート。一見木調のデザインであったとしても、木ではない。いったん火災が起こったら殺人建材に変身してしまうのである。

火災のときだけではない。平常時でも、床、壁、天井などに使われている石油製品の接着剤、塗料、ビニールシートからは、絶えず人体に有害な揮発性ガス、VOCが発散し、人の健康を蝕んでいる。二一世紀の現在、これほど非科学的で時代遅れなことが行われているのである。

大量の化学物質で生活を覆いつくしてしまった二〇世紀への反省を込めて、今こそ木や漆喰など、真の自然素材を、人の友として取り入れていかなければいけないと思う。

病院・学校・マンションこそ無垢の木と漆喰で

病院、学校、マンションなど、大規模な建築は、鉄筋コンクリートや鉄骨で建てることになる。また、個人住宅とは使用目的が異なり、それぞれ目的を持った人々が多数集まるという特別な事情により、建築基準法上、特殊建築物に分類される。充分な強度を持つ耐震設計であることが求められ、火事になっても高層ビルが火災時の熱で崩れないように耐火建築物になっている。また、危険が発生したとき、建物の外に逃げ出す距離まで、法律で定められている。

これらの建物は一級建築士が設計することになり、法律的、技術的に細かいことが要求される。工事も、それなりの建築会社が請け負う。建物の見かけも大きいから、きっと有能な設計事務所が設計し、大きな建築会社が立派な建物を建てていると思われるだろう。

しかし、ビルなどで一度火災が発生すると、新建材から発生する有毒ガスで、多くの人々が死亡する。新築のマンションに移り住んで間もなく、子供さんなどがアトピー性皮膚炎や喘息に苦しむことになる。シックハウス症候群の発生である。私の身近な知人にも、体験者が多いのに驚く。学校も、無機質のコンクリートの床にはプラスチックタイルや塩ビシート、壁はビニールクロスやエマルジョンペイント、石油でできた新建材である。量の多少はあるにしても、これらからは、常にホルムアルデヒドやトルエンなどの有害な揮発性ガスが発生しているのである。そこで、この改善の方法として、換気扇や空気清浄機の設置が推奨されている。しかし、これでは根本的解決にはならない。建築に対する基本的姿勢、理念の欠如、さらに言えば、技術の遅れといえる。

病院、学校、マンションの床といえばPタイルや塩ビシート、室内の壁といえばビニールクロスやエマルジョンペイント。設計のプロがこれしか知らないのかと、あきれてしまう。自然素材である無垢の木がなぜ健康的で、人にやさしいのか、その理由を知ろうともしない。大規模建築の中では、無垢の木は使えないと思い込んでいるのではないか。そこで、防煙のビニールクロスや難燃性の新建材を使う。それが火災時に、人の命をかえっておびやかすのである。

実は、大きな会議室やホール、学校や病院でも、建築基準法や消防法で無垢の木を使う方法がある。ヒノキの香りには人の心を安定させる働きがある。青森ヒバは蚊を寄せ付けず、アトピー性皮膚炎の薬の原料にもなっている。ヒノキや杉には、よく眠れる成分が含まれている。こうした木の優れた働きはマスコミでも取り上げられている。無垢の木は、空気を中に含んでいるので温かく、湿気を調節してくれるので結露を防ぎ、カビの発生を抑える。実に健康的で人にやさしい素材である。

また、漆喰は、これまでにも述べたように、空気中の有毒ガスを吸収、分解する能力がある可能性が大である。全くの不燃材であり、火事のときも安心である。手で触れて温かい。静電気が発生しないので汚れにくく、ほこりの付着が大変少ない。調湿作用があるため、室内は適当な湿度となり、健康的である。

これからの建築は、無垢の木と漆喰の素晴らしさや、すごい能力に、謙虚に目を向けなければならない。そうすることが技術の向上につながるであろう。木も人間も生きものである。生命こそ、自然が創った最も高度な科学といえる。

病院を訪ねた患者さんがシックハウス症候群やアトピーなどで苦しんでいるとき、ビニールクロスなどの石油建材でできている病院を見たら、相当不安を感じることであろう。どこの病院もビニールクロス張りである。あまりにも設計に知恵がないと言わざるをえない。

ここで、二一世紀という新しい時代を拓く意味から、病院こそ、人に健康と安らぎを与える無垢の木と漆喰で建てることを、世に広く提唱する。

ヒノキ・青森ヒバを知っていますか

ヒノキ（檜）はたいへん優れた建築材料で、総檜造りといえば、高級建築の代名詞のようにいわれてきた。しかし、今では本物のヒノキなど見たことも手で触れたこともない人が多いのではないだろうか。

法隆寺の棟梁であった西岡常一氏はその著書『木のいのち木のこころ』でヒノキの素晴らしさについて語っている。伊勢神宮が、式年遷宮といって、二〇年ごとに総檜造りの建て替えをすることもよく知られている。こうした木についての知識を持つことはもちろん結構だが、ヒノキや青森ヒバの話をするときは、実物を目の前に置き、見て、触って、手で持って、重さを感じ、そして香りを楽しんで、その素晴らしさを実感していただきたい。私のモデルハウスにおいでになれば、いくらでも木片があるので、どうぞお立ち寄りください。

ヒノキはケヤキやカシに比べると相当軟らかい。この軟らかいヒノキが、法隆寺という世界最古の木造大建築を支えている。北に生息する青森ヒバはヒノキ科の木だが、ヒノキよりさらに軟らかく、藤原一族の平泉の中尊寺金色堂に使われ、一〇〇〇年近く経っている。軟らかい木とはいえ、非常に優れた耐久力を持っていることは、歴史が証明している。接着剤で強度を出す集成材とは、根本的に違うのである。

ヒノキは福島を北限として、東京、静岡、長野、岐阜、和歌山、四国、九州、さらに南は台湾にまで分布している。ヒバは全国に分布するが、青森ヒバの原生林は津軽半島が中心で、すべて国が管理している。つまり、青森ヒバは官材である。

日本のヒノキは、実にやさしい香りがして、心を癒してくれる。青森ヒバはヒノキより香りが強く、その成分からはアトピーの薬も作られている。特に青森ヒバは殺菌力が強く、白アリを寄せつけない。まな板に使ってもカビが付かない優れたものである。

ヒノキの木肌はピンク色をして艶やかで、驚くほどきめ細かく、女性の肌を思わせる。青森ヒバのほうは少し黄緑がかった色をしている。ヒノキも青森ヒバも、カンナで五ミクロン（一〇〇〇分の五ミリ）に削ると、向こうが透けて見えるほど薄くなる。その薄くて透明な布状のカンナくずを垂れ下がったままにしておいても、切れないのが驚きである。この事実はヒノキや青森ヒバのしなやかさ、曲がりに対する丈夫さを示していると思われる。広葉樹の堅い木を一〇〇〇分の五ミリに削ったら、ボロボロに分散するのではないだろうか。

こうした優れた性質を持ったヒノキや青森ヒバの無垢材で家を建てる建築主は、物の本質を見極める力のある方だと思う。私も誇りを持って家を造らせていただいている。

木をできるだけそのまま使う

木は温かく、呼吸し、湿度の調節をし、優れた断熱材でもある。ヒノキや青森ヒバなどの木は香りも素晴らしく、心を癒してくれる。木にはこのように素晴らしい力がある。その力は、木をできるだけそのまま使うことによって生かされるのである。だから、いい家を建てたければ、まず本物の素材を使うことだ。それも「できるだけそのまま使うこと」である。本物とは、自然が造ったもの、つまり自然素材である。

本物の木は、伸びたり縮んだり反ったりする。これこそ生きている木の証拠である。木の中に空気を取り込んでいるから、温かく、呼吸もし、湿気の調節もする。生きているということが、木の長所である。これを欠陥と見る人がいるから、接着剤漬けの加工がされてしまう。その中で、加工の程度が少ないのは集成材である。無垢の木に準じたものであるが、小さな木片を集めて接着剤で固めたものなので、やはり本質的には無垢の木ではない。

加工がかなり進んだものに、合板がある。太い木を大根の「かつらむき」のようにむいて薄板を作り、接着剤を一面に塗って縦横交互に張っていく。いわゆるベニヤ板である。伸び縮みが少なく、面方向の強度が強いので、構造用合板として使われている。薄板を接着剤で何枚も張り合わせて作るので、調湿性と耐久性に劣る。木と接着剤との収縮率が大きく異なるため、年数が経つと剝離してボソボソした感じになる。最も加工が進んで、全く木といえないものに、パーティクルボードがある。木くず、木の粉を接着剤で固めてボードにしているため、釘やネジの効きが非常に悪く、本来、家づくりに使う材料ではない。家具メーカー、キッチンメーカーの箱や戸扉は、ほとんどこれである。

木に人の手が加われば加わるほど、安物になり、質が落ちてくる。そこで私は、全く逆の発想で、造り付け家具の側板、棚板、裏板、引き出し、底板まで、無垢で作ることにチャレンジしてみた。キッチンの箱から戸扉まで、すべて無垢で作った。無垢の木は流しの下で結露しないので、一〇〇年は楽に持ちそうで、不思議なものを作った気持ちである。「無垢の木を、よりそのままに」という夢へのチャレンジであった。

外断熱の問題点とその解決法

建物の外側、外壁に断熱層を設けるのは、基本的に正しい。冷気にしても、熱気にしても、それが室内に入り込む前に、建物壁面の外側で断つことができれば、それは理にかなっているのである。

最近、木造の外断熱の家が話題になっている。木造の柱の外側に断熱層を設け、壁の中間には断熱材を入れず、空気の流れる空間にするという方法である。一つの合理的な考えである。しかし、断熱材に使われているウレタンフォームやポリスチレンフォームという、石油からできた建材が大問題なのである。施工する会社は「燃えにくい」と言っているが、販売するメーカーは「火気には気をつけるように」と注意書きしている。激しく燃えようがくすぶろうが、こういった石油建材から猛毒が出て、多くの人の命を奪ってきたことは事実だ。このようなポリスチレンフォーム、ウレタンフォームなどで、一部ならまだしも、家全体を包み込むことには不安がある。たとえ火事にならなくても、このような自然に還らない素材が大量に廃材になれば、地球の環境破壊にもなりかねない。このような家が、本質的に「いい家」と言えるのだろうか。

では、外断熱材としてほかに何があるのか考えてみよう。まず、軽量気泡コンクリート板、つまりＡＬＣ板がある。これは空気を多く含んだ軽石のようなものだと考えると分かりやすい。ＡＬＣ板は多孔質のコンクリート板なので、空気を多く含み、熱を断つのである。しかも不燃材である。下から青白いバーナーで焼いても、熱くならない。上に乗ったひよこは何でもないというテレビCMを見たことがある。素材は砂とセメントなので自然に還り、地球にもやさしい。ただし、水を吸い込みやすいので、施工上、注意を要する。このほかにも、外断熱用不燃性断熱材は、これから多く開発されていくだろう。

もう一つ、優れた断熱材は自然の無垢の木である。それも、軽い木がよい。軽い木は空気を多く含む。温かく、熱を通さない。コストを抑えるとすれば、日本の杉がいいだろう。その次に考えられるのが桐である。桐は金庫の内壁にも張ってある。熱が加わると表面炭化が速く、炭になり、金庫内の書類や紙幣を守るのである。このように、軽く温かい木をポリスチレンフォームなどの代わりに使うのも、一つの方法である。

どんな家が外断熱を必要とするのか

建物の構造から考えると、外断熱を最も必要とするのは、まず鉄筋コンクリートの建物である。次に鉄骨造、その次に合板やパネルを使ったツーバイフォー住宅である。在来木造住宅は、必要度からいうと四番目になる。本来、木造の建物に自然の木が使ってあれば、木は保温性と吸湿性があるから結露も生じにくく、外断熱の必要性は低い。しかし、今の木造は木質系といって、接着剤多用の石油建材の家であり、従来の木造と根本的に違うため、外断熱の必要性が出てきているのであろう。

さて、鉄筋コンクリート（RC）造の建物は、実に結露しやすい。コンクリートは熱伝導率が大きい上に、熱容量も大変大きい。サウナの焼いた石は、すさまじく熱を溜め込み、水を一瞬で沸騰させる。マンションの最上階の部屋に住む住人は、夏暑くてたまらない。一方、北側に面した部屋は、冬に冷え込んで仕方ない。結露はするし、カビも生える。鉄筋コンクリートは本来、人の住まいには適していないのである。こういったコンクリートの建物こそ、最も外断熱が必要なのである。さらに内断熱も必要になってくるだろう。

ところで、建築コンペなどによく登場するコンクリート打ち放しの建物は、人が住む場としては不健康で不快なものの一つである。もし、室内側の壁に、すべてタイルを張ったとしたら、どんなことになるだろうか。冷え込む浴室と同じになる。コンクリート打ち放しの建物も同じことである。タイルやコンクリートのように手で触れて冷たいものは熱伝導率が高いので、手から熱を奪ってしまう。だから、タイル張りの浴室同様、コンクリート打ち放しの部屋は冷え込みが大きいのである。

外断熱といっても、コンクリート壁や柱の外に、可燃性の発泡スチロールを張ることは、防火上、問題がある。隣家の火事でも自分の家の外壁に張った発泡スチロールが火を誘い、猛毒を発する。これでは建物を耐火性のあるコンクリートにしたことが全く意味をなさない。コンクリートの建物の断熱法を真面目に検討すると、ＡＬＣ板を張る方法が考えられる。ＡＬＣ板は気泡コンクリートなので、断熱性が高い不燃材であることは前にも述べた通りだ。

鉄筋コンクリート造の外断熱工法を考えている方も見受けられる。そして、コンクリートと断熱材との間を空洞にする工法が考案されている。いずれにしても、鉄筋コンクリート建築物の外断熱はこれからの重要な課題である。外断熱をした上で、さらに室内には人の体にやさしい、木や漆喰など自然素材を使うことにより、断熱効果をプラスする。こうすれば、コンクリートの建物も、結露がなくて人にやさしい、心やすらぐ健康的空間に生まれ変わることだろう。

「日本には木がない」は本当か

ご存じのように、日本の国土の約六八％は森林である。木はいくらでもある。住宅に使う杉やヒノキは相当量あり、特に杉は使われずに泣いている状態だ。大量の杉花粉は、その悲鳴ともいえる。樽酒の樽は、杉でできている。あの香りは杉でなければ出ない。高級なカステラの箱も杉である。木目の美しさ、香りのよさは、昔から愛されてきた。水にも強く、舟の材料としても使われてきた。私の育った東京・杉並の家は、昭和六年に建てられた杉の家で、建てて七〇年以上にもなるが、今でも立派に使っている。あと二〇年で一〇〇年になるが、杉でも一〇〇年、持ちそうである。

一方、木曾のヒノキ、秋田杉、青森ヒバが育っている山林を日本の三大美林という。ここから生産される木は太木で、大きな板材が取れる。しかし、銘木と呼ばれる木は、その山にもほとんどないといわれており、少量がごく一部の目的にのみ使われている。このことから、日本の山には木がないと思われているのかもしれない。しかし、前述したように、住宅材としてのいい木はいくらでもあるのだ。節がある杉でも、立派にいい木だと思う。その木が、とにかく日本に大量にあるのだ。杉に限らず、ヒノキや松も日本の山には相当量ある。大いに使ってほしい。

山に富を返すということ

日本の山の木は使われずに泣いている。特に杉は、戦後、建築材として使われるのを予定して植林されたもので、今、切り出す時期に来ている。それにもかかわらず、ほとんど出荷されない状態で、山は荒れている。成育した山の木を切り出しても、売れなければ、山が荒れるのだ。植林した木は、育てる途中で木を剪定して間伐し、光と風を入れ、根を張らせて大きく育てなければならない。間伐しなければ根は張らず、光や風の通りが悪くなり、木は丈夫に育たない。台風などで、皆倒れてしまうことになる。

太く、しっかりした木を育てた山は、森としても生命力あふれたものになる。木は、育っていく速度に比例して、空気中の炭酸ガスを木の中に固定する。木は炭酸ガスの塊である。木の働きは地球上の炭酸ガスを減らし、地球の温暖化防止にもなる。大木は成長の速度が遅くなるので、炭酸ガスの固定量が減ってくる。だから、成長した木を切り、植林するというサイクルが、地球の炭酸ガスを減らすことにもつながるのである。

木を切り倒しただけではいけない。新たに植林をし、間伐をし、下草を取り、枝払いをし、美しく大きく育てる。そしてまた切り倒し、出荷する。こういった経済循環に乗せることが、山を守ることにつながる。住宅材をはじめ、多方面に日本の山の木を使うことで、山に富が返り、木を育てる費用に回っていくのである。原生林ならともかく、人と関わりの深い日本の山では、こうして人の手を入れていくことが大切なのである。山を守ることは、手をつけずに荒れ放題にさせておくことでは、決してない。

木にも「ピン」から「キリ」まである

適材適所という言葉があるが、建築に適した木としてよく知られているのはヒノキである。昔から、神社仏閣や城などで使われてきた檜普請は建築の理想であり、最高の建物を意味した。しかし、今の日本人で、なぜヒノキがそれほどまでに素晴らしいのかを理解している人は少ない。長い歴史が培ってきた民族的な教養を失ってしまったともいえる。すべての木がヒノキのように建築材料として優れているわけではない。ヒノキが「ピン」（最高のもの）であるとすれば、「キリ」（最低のもの）もある。そこで、建築に使われる木の性質について、少し詳しく述べてみたい。

総檜造りというように、ヒノキは建築のあらゆる部分に使われる。土台、柱、梁、根太、大引《おおび》きなど、構造にも内装にもヒノキは適している。しかし、土台だけとってみれば、栗のほうがヒノキより堅く、腐りに強い。白アリを寄せつけない点では、青森ヒバが特に優れている。一方、住宅メーカーが使っている米ツガは、白アリに非常に食べられやすい。このことは大工をはじめ建築に携わったことのある人なら誰でも知っている。ただ、米ツガはとても安い材木なので、毒性の強い防腐・防虫剤を注入した上で土台に使用されることが多い。土台としては一番下の「キリ」で、最も適さない木である。北欧から輸入しているホワイトウッド（松）の集成材も、木そのものが白アリに弱く、しかも使われている接着剤が湿気にどれだけ強いか、疑問が残る。

床材の「ピン」といえば、やはりヒノキである。「檜舞台」という言葉をご存じだと思うが、能の舞台もヒノキの板で造られる。ただし、ヒノキは軟らかい木なので、廊下など多くの人が踏むところには、ヒノキより堅い赤松のほうが適している。

洋間のフローリングの「ピン」は、何といってもチークやカリンの無垢材で、次がタモ、ナラ、オークである。「キリ」といえば、合板の上に薄い突き板を張ったものや、ボール紙をはさみ込んだ床材であろう。無垢のフローリングを使える予算があるにもかかわらず、合板フローリングを選ぶ建築主がいる。「今の合板フローリングは、はがれにくいから大丈夫ですよ」などという業者の言葉を鵜呑みにするのは、物を見る目のなさや、教養不足を露呈しているようなものだ。

いい家を建てるための四つのポイント

木を見て森を見ず、という言葉がある。「外断熱の家」というと、家全体が「いい家」になると思い込みがちであるが、それは家の一部の機能的な面だけをいっているに過ぎない。建築全体から眺めると、本当にいい家かどうか、別の判断ができる。鳥が空から地上を眺める視点を「鳥瞰《ちょうかん》」という。一度、鳥の目で建築全体を眺めてみてはいかがだろうか。

1 構造

住宅建築の構造は次の四つに大別される。それぞれのチェックポイントをまとめておこう。

■木造軸組工法

柱や梁など、「木の軸」を使った在来工法である。柱、梁の材質を何にするのか。ヒノキ、杉、集成材の違いはどこにあるのか。素材ごとの丈夫さと耐久性との比較。日本の一五〇〇年の技術をどう生かすか。今の在来工法の問題点はどこか。

■ツーバイフォー工法

合板ベニヤで造る壁工法で、木質系プレハブ住宅もここに分類される。ツーバイフォー住宅の長所、欠点は何か。ベニヤで本当に丈夫なのか。耐久性はあるか。柱がなくても大丈夫か。合板の地震に対する強さはどういうところか。

■鉄骨造

軽量鉄骨のプレハブ住宅の鉄は強いというイメージがあるが、鉄骨の柱は約七センチ。そんな細い柱で大丈夫なのか。薄い鉄板の梁で、二階にグランドピアノや多くの本を置いても耐えられるのか。重量鉄骨の建物との違いは何か、など。

■鉄筋コンクリート造

鉄筋コンクリートの建物は住まいに向いているのか。地震には強そうだし、防音、遮音性が大きいので音楽室にも良いが、建物からくる冷え込みにどう対応するか、など。工法を選ぶときには、それぞれの特徴を考えて検討していくとよい。

2　機能性

生活のしやすさから見た動線、気密性や断熱性から見た住み心地。また、自然の風を取り入れる通気性、太陽の光の恵みを受け入れる採光など、人の健康を考えた設計。これらは家の機能面である。窓を小さく少なくし、換気扇に頼った高気密、高断熱、二四時間換気システムが、人の身体に本当によいのか。ビニールクロス、接着剤を多用した石油建材中心の家づくりで、シックハウス症候群の心配はないか。高齢になったり病気になったとしても、バリアフリーなどで安全に暮らせるかどうかも、検討する必要がある。

3　デザイン

デザインは、人の好みによってさまざまである。同じ家を見て、ある人が素晴らしいデザインの家だと言っても、他の人はそう思わないという場合も多い。「あの家はセンスが良い」と、美の判定人になってしまう人もいるが、本来ならば「私はあの家のデザインが好きだ」と言うべきものであろう。それでも、建築主が求める美に応じた設計をするのも、建築士の仕事である。自由な表現をして、素晴らしいデザインの家だと人に認めさせるのも、建築家の腕の見せ所である。表現豊かなデザインの家は、街並みを変えてくれるし、中には文化遺産として後世に残るものもある。誰でも、自分の好みに合った、美しく素敵な建物に住みたいものである。

4 素材

この四つ目のポイントが、これまでの時代、二〇世紀の建築に忘れられてきたものである。従来、建築の要素は、構造、機能、デザインの三つだといわれてきた。しかし私は、第四の大事な要素があることを主張したい。それは、「人がいる空間を作っている素材」「室内空間に取り入れる素材」である。室内空間を作る素材は、人に直接影響を与える。タイルで囲まれた浴室は寒いが、自然の木に囲まれた部屋は目にやさしく、温かく、空気がきれいで、心にやすらぎを与えてくれる。接着剤を多用した合板やパーティクルボードは、人体に有害な揮発性ガスを発生し、危険性が高い。シックハウス症候群といった個人の健康の問題にとどまらず、社会全体、ひいては人類全体の問題でもある。ビニールクロスや石油建材に代わって、無垢の木や漆喰など、自然素材を使うことが、住宅、マンションだけでなく、病院、学校、保育園やオフィスなど、あらゆる建築に求められる。基本的課題といえる。

人は、三五億年の生命の歴史が創り出した生き物である。同じ地球上の生き物であり、人類の先輩であり、友として育まれてきた自然の木や土に対する心くばりを、忘れてはならないと思う。

より多くの人に無垢の木と漆喰の文化財的家を

いい家を建てるための第一歩は、無垢の木や漆喰など、自然素材を使うことである。自然素材を吟味していくと、文化財的な価値のある住宅さえ、造ることができる。そこで、建築に使われる素材を、家の骨格に当たる構造材と、室内空間を作る内部仕上げ材とに分けて、文化財的家づくりの仕様を列挙してみる。

1 構造材

住まいの構造は、耐久性や丈夫さ、安全性の面から、やはり木が理想である。それでは、構造の部所、材料を検討してみる。

①柱はヒノキ。素晴らしい香りは心を癒し、しなやかさは耐震性を発揮し、数百年もの耐久性を持っている。

②土台は青森ヒバ、ヒノキ、または栗。湿気や白アリに強いことが条件である。しかも、防虫剤を使わないで済む。

③床を支える大引き、根太もヒノキ。床の下は頑丈で湿気に強いことがポイント。

④梁は、日本の松が理想。しかし、平角《ひらかく》（平らな板状の木）の大きな部材は、性質の素直な、目の詰まった米松も良い。

2 内部仕上げ材

無垢の木、漆喰、石や土など、自然素材を使うことが基本である。これは、木造、鉄骨造、鉄筋コンクリート造のいずれの工法にも当てはまる。また、病院、教育施設、マンションなど、大規模建築の室内に自然素材を使うことも重要であり、二一世紀の建築の新しい方向といえる。

①ドア枠、窓枠、幅木、回《まわ》り縁《ぶち》などの造作材。こういった所に使う素材が無垢材か張りものかで、本物の家かそうでないかが分かれる。ヒバやタモの無垢材は、建物の品格を上げる。

②床材はタモ、ナラ、ヒノキ、青森ヒバ、カリン、チークの無垢フローリング。集成材では無垢とはいえない。本物の木を使うと、足への感触が素晴らしく気持ち良いし、使うほど味わいが出てくる。本物とはそういうものである。

③階段の段板はタモ、ナラ、ヒノキ、青森ヒバ。側板も蹴込板も、タモ、ヒバなどの無垢材。ここに無垢の木を使い、しかも材種にこだわる設計者や施工会社はほとんどな

い。良くても集成材である。だからあえて無垢を勧めたい。

④和室の見える柱（化粧柱）は当然、無垢のヒノキ、それも無節、または上小節である。敷居《しきい》、鴨居《かもい》、長押《なげし》は無垢のヒノキ、杉、青森ヒバである。天井は杉板、桐、青森ヒバの無垢材。

⑤壁は左官仕上げの漆喰か、聚楽壁《じゅらくかべ》。洋間の天井もやはり漆喰か、またはコルク。青森ヒバなど無垢の木の羽目板も素晴らしい。

⑥押入れとクロークの壁、天井は、無垢の桐か漆喰。一般的には合板かボードが使われている場所だが、あえて無垢を使う。

⑦造り付家具は、天板、側板、裏板、地板、さらに引き出しの底板までも、全て無垢のタモや青森ヒバや桐を使う。

このこだわりの仕様を、他との比較検討の材料にしていただければと思う。しかし、どうしてもまだ合板を使わざるをえない場合があり、すべて無垢という意味では、これでもまだ完全ではない。タイル張りの下地に無垢の木を使うと、タイルが割れることがある。床暖房が入る場合、無垢のフローリングの下地には、伸縮を少なくするために合板を使うことがある。防水工事の下張りにも、伸び縮みの少ない建材を使う必要がある。さらに木造三階建てには、耐震性を考えて、建築基準法上、構造補強材として構造用合板を使わざるをえない。また、予算上すべての建具を無垢の木で作るわけにはいかない場合もある。

それでも、できる限り無垢の木で作りたい。そして価格が高くなりすぎないように、研究、努力し、より上質な家づくりを目指したい。

このような本物が分かる方に、一人でも多く、無垢の木と漆喰の家を建てていただきたい。これが私の希望である。

一〇〇年、二〇〇年もつ本物の家を、誰でも求められる価格で

無垢の木、漆喰など、自然素材を中心にした建築を、一般の建築価格の二～三割増しに抑えて建てたい。そして、それを多くの方々に提供したい。

建築の世界に入って二十数年、無垢の木と漆喰など、本物の素材を追求してきた。建築費との関係や、素材の適材適所の問題などで、全てに無垢材を使うわけにはいかないが、他社では考えられないほど無垢の木中心の家づくりができていると思う。家を建てたら二〇〇年住まなければいけないというわけではないが、それが可能な本物の家を知

っていること、そしてそこに住むことへの自負心、満足感を味わっていただければと思う。合板、パーティクルボード、集成材の家では感じることはできない。無垢の木には、一〇〇年、二〇〇年の歳月をものともしない力があるのだ。

家が健康だから二〇〇年も長持ちし、そこに住む人も健康でいられる。このような建築が理想だが、普通に考えると、そのような家の建築費は、一般の住宅建築価格の二〜三倍かかるかもしれない。しかしそれを、二〜三割増しで建てられるようにしたい。私は二十数年間、真面目に働く人々に本質的にいい家を、という理想を追求してきた。その理想が、より多くの方にとって現実となるように、建築費の面でも研究、努力を続けている。

住宅メーカーと建築契約を結んだあと、希望のオプション工事を発注すれば、すぐに二〜三割の工事費増となってはね返ってくる。そのくらいの範囲の予算で、今の建築業界では考えられないような、無垢材中心の文化財的な家づくりを目指していきたい。

第2部　いい家を建てるための87の知恵

第1章　にせものを見抜く知恵

1　木くずで固めた家に満足していいのか

左の写真を見比べていただきたい。写真Aは、無垢のナラ材である。無垢とは純粋ということで、合板ではなく、木そのものという意味である。写真Bは、木くずを接着剤で固め、表面に木目を印刷したシートを張ったものである。室内用のドア枠と額縁の断面で、チップを集めた様子が写真からよく分かる。いわゆる、木に似せたもの、にせものである。

ドア枠、窓枠、床と壁の見切りに使う幅木、壁と天井との角に取り付ける回り縁といった部分に無垢材を使うのと、木くずを接着剤で固めたものを使うのと、どちらが価値があるといえるか。どちらが健康的だろうか。火事になったとき、どちらが安全か。どちらが長持ちするだろうか。今の時代は、こんな不思議な質問をしなければならないのだ。

B　パーティクルボード

A　ナラの無垢材

D　有名メーカーのシステムキッチンの箱部分

C　パーティクルボードを使ったカラーボックス

現状は、木くずを固めたようなものが広まるばかりである。特に、名の通った住宅メーカーにこの傾向が強い。建て主も、「一流メーカーがこういう材料で家を造るのだから仕方がないし、今の時代はそういうものなのだ」と変に納得している。

写真Cは、安い家具の代名詞の「カラーボックス」である。木くずを接着剤で固めた板を芯にして作られ、三〇〇〇円程度で購入できる。写真Dは、有名メーカーの何十万円もするシステムキッチンの箱の断面である。やはり、木くずの板を芯にしたものである。家具屋に行って、カラーボックスのような安物をいい物だと思うだろうか。

ちなみに、木くずを接着剤で固めたものをパーティクルボードというが、本来、芯になるような材料ではないのである。無垢材で作られた家具は上質のもの、高級品と認めるだろう。それなのに、家を建てる段になるとこの逆で、一生に何度もない高価な買い物に、最も安造りの家を選んでいるかもしれない。

予算の都合で「木くずを固めた人工的な家」と納得して買うのなら、それはそれでよいと思う。しかし、名の知れたメーカーだからといって、いい材料が使われているとは限らない。もう一度、写真をご覧になって、ドア枠、窓枠、階段など、どちらの材料がよいか考えてみてはどうだろうか。

2　無垢の木の床と合板の床を比べてみれば

九四ページの写真Aは、ヒノキの無垢材を使った床で、建ててから約三〇年が過ぎている。住まいに併設したクリーニング店の床だから、使用頻度は相当なものだ。しかし、少し傷は付いているものの、はがれた箇所はない。表面はなめらかでつやがある。

写真Bは、同じお宅の広縁で、一二年前に増築した部分である。無垢材ではなく、合板の表面に薄板を張り付けた「突き板」を張っているため、表面の薄板がはがれ、ところどころ合板部分が見えている。ささくれが目立ち、ぞうきんがけをすると、手にとげが刺さりそうになる。広縁だから、店の床より歩く頻度が少ないにもかかわらず、こんなに悲惨な状態になってしまった。

似たようなケースはほかにもある。例えば、キッチンカウンターの足もとの合板床が抜けそうになっているという話を聞いたことがある。無垢の床材を使っていればそうしたことは起こらなかったはずだが、その家の住人は、「合板の床だからこんなものだろう」とあきらめている。そして次に建てるときもやはり合板を選ぶのではないだろうか。建て主が無垢の木のよさを知らないだけではなく、家を建てる業者の多くが、無垢材を使うことに反対するという現実がある。

業者が無垢の木を避けるのは、建てた後でクレームが出ることを恐れているからだ。無垢材は温度や湿度の変化によって伸びたり縮んだりする。施工時にぴったり張っても、後でいくらかすき間ができたりするもので、それを自然の木が持つ味わいと感じるか、許せないものと考えるかは、その人のものの見方、感性による。ひいては生き方にも関係するだろう。

合板を選んだ人がこんなことを言っていた。「メーカーが合板のフローリングなら狂ったり反ったりする心配がないと言うので、わざわざ高い無垢材を使う必要はないと思いました」。もう一度、写真AとBを見比べてほしい。合板の床板はいずれ表面がひび割れ

A　ヒノキの床

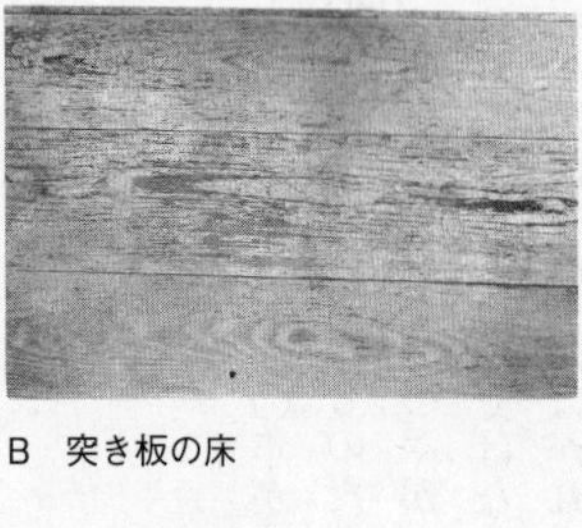
B　突き板の床

たり板がはがれたりするが、無垢なら何十年、何百年たってもそんなことはない。加工品だらけの今の時代に、無垢の木が与えてくれる満足感を味わえる人は幸せだと思う。

3　合板や集成材の家がシックハウス症候群を生む

九六ページの写真Aは、ある大手住宅メーカーの室内に使う敷居、鴨居、ドア枠などの造作材か、その下地材であろうか。断面から分かるように合板でできている。床材だけでなく、こんな部分にまで合板を使っているのはご存じだっただろうか。これが多くの住宅メーカーの基本的な流れなのだ。

写真Bは集成材の敷居である。数本の木片がつなぎ合わされ、目に見える部分には白木の薄板が張られている。戸を引いて擦れる場所にこういった「張り物」を使うのはいかがなものか。そう遠くない時期にはがれてくるだろう。安物という感じは否めない。

実は、この白木の薄板は、北欧や北米から輸入されているスプルースという木で、日本の建具材になる杉の代わりとしてよく使われる。建具に使うような杉は柾目《まさめ》（縦一筋に細かく並んだ木目）の上質なものであり、値段も高い。そこでこの、木肌が美しく、やわらかで加工しやすく、しかも安いスプルースが代用される。安価なので、無垢材で使われてきたのだが、最近ではそれをさらに張り物に加工している。

「マイホームで寝られない、安心して暮らせる場所が欲しい」という記事が、二〇〇〇年四月五日付け読売新聞夕刊に載っていた。新築の軽量鉄骨造二階建て住宅に引っ越した、東京都内の主婦の悩みである。その内容は、筋肉の痛みや息苦しさにたびたび襲われ、黒い痰が出る、マスクなしでは暮らせないというもの。両目が頻繁に充血し、ひどい便秘になり、夜中に咳き込むこともしばしばで、その後、夫や息子も頭痛や便秘、下痢、倦怠感などに悩まされるようになったという。

合板の接着剤に含まれているホルムアルデヒドは、頭痛、眼痛、呼吸器障害を引き起こす恐れがあり、その他の塗料や接着剤のトル

A　合板の造作材

B　集成材の敷居

エン、キシレン、トリメチルベンゼン、ジエチルベンゼン、酢酸ブチル、n－ブタノールなどは、頭痛、めまい、吐き気などの原因になるとされている。白アリ駆除剤のクロルピリホスは、人によって頭痛、神経障害を引き起こす。危険がいっぱいである。だから無垢材を使うことが大切なのだ。

4　土台の材質や太さはこんなに違う

九八ページ写真左の木片は、一二センチ角の青森ヒバの土台。右側は約八・五センチ角の米ツガの土台で、有名な住宅メーカーが採用しているもの。同じ土台でも、こんなに違う。

化学薬品や接着剤など石油化学製品が全盛の今、建築業界でも当然のように防腐材の注入を済ませた土台や、接着剤で張り合わせた集成材の柱などが使われている。こうした素材を使った家づくりに対して、健康面から警告を発せられて久しい。

写真右の土台には防腐剤が注入されている。爪あとのような小さなキズは、薬品を注入したあとだろう。米ツガの防腐剤注入土台は、土台としては非常に安価なものだが、左側の青森ヒバの土台に比べて細く、木目も木質もかなり悪いことは、写真で見ても分かる。ときには薬臭かったり、どぶ臭いこともある。人によっては目が痛くなるという。この細い米ツガの土台を使っていながら、「地震に強い」とか「一〇〇年もつ」などと宣伝しているメーカーがあるが、輸入材である米ツガの土台や柱を使って、湿気の多い日本で一〇〇年を経た家があるのだろうか。ヒノキやヒバを使った家なら、わざわざ「一〇〇年住宅」などという呼び方をしなくても、一〇〇年、二〇〇年ともっているものが数多く残っている。平泉の中尊寺金色堂は、総青森ヒバ造りで、建てられてから一〇〇〇年近く経っている。

左の青森ヒバの土台は四寸角土台といわれるもので、薬剤を使用しなくても腐りや白アリに強い。年輪が細かく、木の質も密で見る

土台の違い

からにがっしりとしている。青森ヒバはヒノキチオールと呼ばれる精油分を多く含み、素晴らしい香りを放つ。ヒノキチオールは薬品や化粧品にも使われているほどで、自然の木の香りは心身にやすらぎをもたらしてくれる。こういう土台を使ってくれる建設会社なら、安心して家づくりをまかせていい。数は少ないが、探せばある。

青森ヒバの土台の価格は、細い米ツガの土台の三〜四倍はする。しかし、土台に使う材木はそれほど多くない。だから家を支える土台には品質のよい素材を使いたいと思う。素材のよさは健康な住まいづくりに貢献する。

5　米ツガの家は安普請の代名詞

私のうちは、……謂わゆる借家普請の坪基礎で土台は米ツガという粗悪品である。

井伏鱒二氏の自伝的小説『荻窪風土記』にこんなくだりがある。氏が学業を終え、作家生活に入り、初めて自分の家を建てたときのことを綴った一節である。檜普請を注文したにもかかわらず、米ツガの土台などの粗悪品が使われ、工事もずさんだったと書いている。昭和初期に、既に米ツガがアメリカから輸入されていたことが分かるが、そのころ米ツガ材は、住宅建築にはそれほど用いられていなかったと思う。

その後、建売住宅や住宅メーカーの建てる家の土台や柱に、米ツガが大量に使われる時代が訪れた。とにかく安いのが最大の利点で、業者、購入者双方にメリットをもたらしてくれる。

米ツガは今もアメリカから相当量輸入されている。貿易収支の黒字減らしにも貢献しているといえるだろう。それでもアメリカは、今以上にツーバイフォー住宅や米ツガの輸出量を増やしたいと考えている。一九九八年に法律で認められた木造三階建て共同住宅も、アメリカの要望が通ったと言えなくもない。とにかく極端な言い方をすると、日本中に米ツガ材が蔓延しているわけである。しかし再

柱も土台もすべて米ツガの家

三お話ししている通り、米ツガは、高温多湿の日本の風土に適さない。腐りやすく、白アリに侵されやすいからだ。

私が驚くのは、住まいを建てる方が自分の家にどういう柱や土台が使われているのか気にかけないことである。一生に一度か二度の高価な買い物なのだから、多少の負担の増加を惜しまず、良質の材木を使われることをおすすめする。

今の家づくりは、システムキッチン、床暖房などの設備や付帯工事に多くの費用を割くようになっているのだから、なおさら、もう少し骨組みに予算をかけられたらいかがなものだろうか。日本には杉やヒノキという、米ツガより優れた木があることも知っていただき、家を建てるときの参考にしていただきたい。

6　有名メーカーだから素材も良質とは限らない

柱や梁に集成材を使う住宅メーカーが増えている。小さな木片を接着剤で固めた集成材は、無垢の木の性質を持ちながら、反りや曲がりが少なく、なおかつ丈夫であるということで、大手住宅メーカーのみならず地方の建売住宅業者にも幅広く使われている。

一〇三ページの写真Aは、東京近郊の畑を宅地に造成して、建売住宅を造っている現場である。近づいてみると、やはり集成材の柱が使われていた（写真B）。このような建売住宅は、コストのかからない材木を使うことが基本である。だから米ツガや集成材を使うのもやむを得ないのだろう。

一方、写真Cは、注文住宅としてはトップメーカーの建築現場だが、ここでも集成材の柱が使われていた。建売住宅の柱と基本的に同じものである。ちなみに集成柱は、米ツガの柱に比べると少し割高になる。だから集成材も「高級な」素材の部類に入るのかもしれない。低価格の建売住宅も大手住宅メーカーと同じ素材を使っていると考えるか、有名住宅メーカーの注文住宅が安い建売住宅と同じ素材で建てられていると考えるか、それは受け取り方次第だが、これが家づくりの現実である。

集成材は木片を集めて接着剤で固めたもので、無垢材に近いという見方もある。しかし使われている材料が輸入の松材など、本来、柱にはならない木であることが問題である。しかも接着剤漬けである。木が湿度によって伸縮するのに対して、接着剤はほとんど伸び縮みしないから、集成材の接着面が剝離して耐久性が弱まるのではないかという心配がある。また接着剤から揮発する有毒な化学物質の健康面への影響も問題である。

「住宅展示場の家をいくつか回ったら、目がチカチカして頭が痛くなった」という声を、私は少なからず耳にした。接着剤漬けの家は、体の弱い人、化学物質に敏感な人に

A　建売住宅の建築現場

B　集成材の柱が使われている

C　ハウスメーカーの現場

目まいや吐き気といった症状をもたらすだけでなく、一見元気な人の体内にも毒素を蓄積し、健康を蝕んでいる。そうしたことを考え合わせると、自然素材である無垢の木を見直す動きもまた、大きな流れになっていくに違いない。集成材と無垢の木の特徴を十分に理解した上で、家づくりに取り組んでいただきたいと思うのである。

7　ヒノキの柱にも本物と張り物がある

「ムクの木とは、どんな木ですか」と質問されることがある。ムク（無垢）とは、純粋無垢の意味で、合板などいわゆる「張り物」ではないということである。木の名称ではない。

近年、一般住宅の和室の化粧柱には、集成柱がしばしば用いられている。集成柱というのは、二～三センチの厚さの板木を接着剤で張り合わせ、表面に木の皮を施して一本の柱のように見せたものである。写真Aは、よく見られるヒノキの集成柱で、張り合わせた松の板木の表面に〇・五～三ミリ程度のヒノキの皮が張ってある。断面でも見ない限り、素人には無垢なのか集成材なのか、見分けがつかない。

写真Bは、無垢のヒノキである。ひび割れを防ぐために、背割りという切り込みが入れてあり、切り口を見ると、年輪がきれいな円を描いている。

集成材と無垢材を比較してみると、集成材は寸法に狂いがなく、規格通りにできているので施工しやすい利点があり、圧縮強度に関しては無垢に劣らないといわれている。しかし、無垢のヒノキは数十年数百年と驚異的な耐久力を発揮するが、集成材の接着効力はせいぜい数十年というところだろう。

また、無垢のヒノキは、芯に香りの良い樹脂成分を持ち、そのエキスが時間と共に木の表面ににじんで、独特の艶や味わいが出る。一方、集成材は見かけはヒノキの木目だが、芯が松や米ツガなので、ヒノキの香りもなく、歳月を経た輝きなど望むべくもない。

ヒノキの無垢材と集成材との強度の比較を

A　ヒノキの集成柱材

B　無垢のヒノキの柱材

して、集成材の方が二・三倍強いとか一・五倍強いなどとよく言われる。集成材と比較するなど、無垢のヒノキに失礼である。ヒノキより堅く強い木は、カシやケヤキ、ナラなど、いくらでもある。ヒノキは本来、やわらかい木である。そのヒノキが、法隆寺を一三〇〇年以上支えてきているのである。

ヒノキの柱といっても、本物と張り物とがあることを知っておかれるとよいだろう。それぞれの特長はあるが、私は無垢のみ「ヒノキの柱」と呼びたい。

8　見た目は無垢の高級ドア風が、なんと

一〇七ページの写真Aは、素晴らしいデザインの、無垢ナラのドアのように見える。写真ではなく実物を見ても、本物の無垢のドアそっくりだ。試しに購入してみたのだが、本物のナラ材の無垢ドアにしてはずいぶん安かった。だが、梱包を解いてドアの縦《たて》框《がまち》を見たら、芯が集成材になっているのである。その周りに、ナラの薄い板が張ってある。つまりこれは無垢ではなく、集成突き板だった。芯の集成材には、針葉樹の木目の特徴があった。ナラは広葉樹である。広葉樹の導管（水が通る管）は太くて荒い感じがする。針葉樹のもの（仮導管）は、非常に細いので区別がつく。

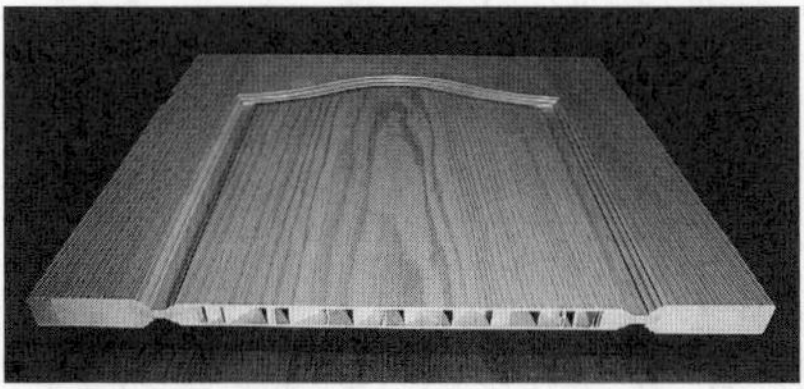

B　真ん中から切断してみると

A　一見、無垢のドアに見えるが…

D　本物の無垢ドアの切断面

C　中にボール紙が使われている

いくら無垢風でも、私は集成突き板のドアを無垢ドアとして使うわけにはいかないと思った。そこで、思い切って中央から切断して、中身を調べてみた（写真B）。なんと、無垢ドアの真ん中の板（通称、鏡板という）が空いているのである。どうりでナラの無垢ドアとしては少し軽い感じがした。この空洞を確保している部材が、V字のボール紙である（写真C）。中央の鏡板を指ではじいてみると、中が空いている音がする。

さらに驚いたことには、鏡板が、厚さ三ミリ程の紙でできていることだ。これは、紙を圧縮して作られたパネルで、「MDF」というが、近頃はこれで作られた建材が多いという話は聞いていた。この紙パネルの表面に、ナラ材を薄くスライスした板を張ってある。この建具で、本物のナラの無垢材が使われている部分もある。美しい面取りデザインを出すために、本物を使わざるを得ないのである。

この建具の中身を見たとき、素晴らしいアイデアと技術力に、ある種の感動を覚えた。表面には、〇・五ミリもない薄い板であるが、本物のナラ材が出ている、銘木突き板張りの無垢風ドアである。高級ドアといえるかもしれない。これでは、私の作っている本物のナラの無垢ドアと、見た目では区別がつかない。違いを分かっていただくために、やむなく、本物の無垢ドアを切ることにした。写真Dはその切断面である。切り口を見れば本物であることが分かる。鏡板も中身が詰まっている。表面にも何も張っていない。これが本物のナラ無垢のドアである。

9　土台の材料をチェックする

一一〇ページの写真Aは、米ツガの防腐剤注入土台である。この章の4でも取り上げているが、これは建売住宅ではなく、大手の木質系プレハブ住宅メーカーや、ツーバイフォー住宅などに使われているものである。建築主が特に注文をつけなければ、この土台になる。強烈な薬品を注入したものである。

写真Bは、米ヒバの集成土台である。土台に集成材が使われているのにビックリした。米ヒバは白アリに強く、米ツガよりずっと良い土台になる。それなのに、なぜわざわざ集成材にしたものを土台に使うのか、その意味が分からない。住宅メーカー、建築技術者、マスコミ、皆こぞって集成材はいいものだと言うが、実物を見て触っている者としては、本当にそうなのか疑問だ。米ヒバの無垢土台も市場にはある。写真Cがそれであるが、集成材よりは、こちらのほうがまだいい。

しかし、少しいい家にしようと考えたら、土台にヒノキを使うことぐらいは指定するものである。白アリや腐りに強いのは、ヒノキの芯の方の赤身である。辺材の白い部分

A　防腐剤を注入した米ツガの土台

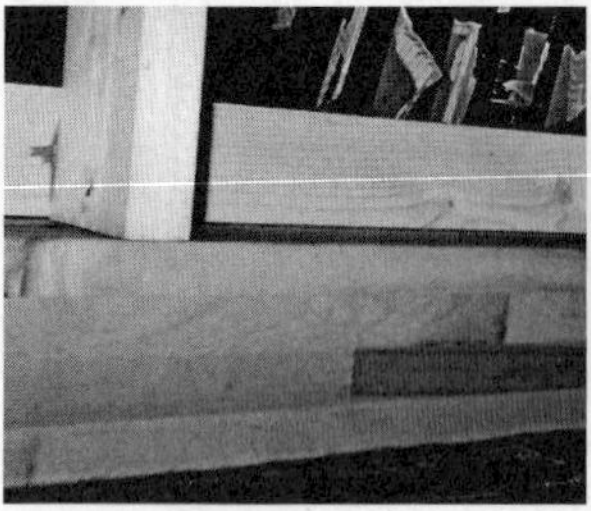
B　米ヒバの集成土台

C　米ヒバの無垢土台

D　栗の無垢土台

は、白アリにはそれほど強くない。ヒノキは柱には最適であるが、土台としてはもっと優れたものがある。

それは、青森ヒバの土台である。私がいつも使っているのは一二センチ角という太いものだ。青森ヒバはヒノキチオールを多く含み、白アリを寄せ付けず、腐りに大変強い。ヒバ油の抗菌作用は非常に優れている。香りも素晴らしく、健康にもよい。もっともおすすめする土台なので、この後でも紹介する。青森ヒバは、一般的に東北の青森から産出されるので、東京ではなじみが薄いが、いい木である。

写真Dは、栗の土台である。昔から土台といったら、栗が有名である。昔の人は、栗が腐りにくく、白アリを寄せ付けないことを、経験的に知っていたのだろう。木目はタモに似て美しい。くせのある木で、長い材が取れにくいと考えられるが、四メートルの長尺ものもある。価格は高いが、こだわる人に今も使われている。

本物、にせものを見分ける第一歩は、まずものを知ることだ。どの木を土台に使うかを吟味するのは、それからの話である。

10　柱の材料をチェックする

左ページの写真Aは、集成材の柱である。これがなんと、ホワイトウッドでできている。前にも述べたように、ホワイトウッドとは北欧材で、木肌は白く全く油分がない。誇りある職人、技術者ならば使わない建材である。今日、家は、職人がというより、商人が建てているといったほうがいい。消費者はそれに大金を払っているわけだが、ホワイトウッドのような生気のない木を使っているようでは、安心の家づくりとは言えない。

米ツガの柱も使われている。米ツガは、北米大陸から海を渡って入ってくるもので、安普請の代表的な材木である。ホワイトウッドの集成柱が出回る前に、建売住宅や住宅メーカーの主力木材であった。やはり木がパサついて、水や白アリに非常に弱い。だから、防虫、防蟻、防腐剤をしっかり塗らないと家が危ない。しかしそれでは、人の命と健康が危うくなる。

杉は柱にも適した材料である。全国的に分布する材木で、それこそ売るほどある。実はなかなか良い木である。香りが良く、樽酒のタルや、高級なカステラの木箱は、この

B　節のある
一等材の
ヒノキ柱

A　ホワイトウッドの集成材の柱

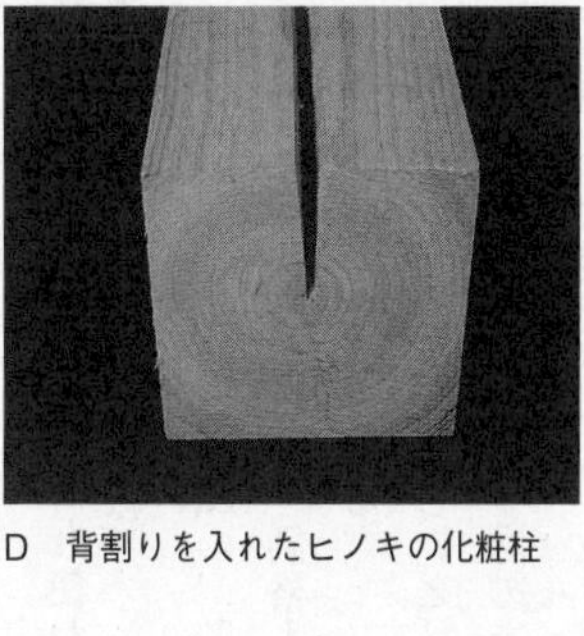

D　背割りを入れたヒノキの化粧柱

C　無節のヒノキの
美しい大黒柱

杉の木でできている。杉の赤身は、腐りや白アリに強く、日本の川舟にも使われている。一般の住宅のほとんどの部分に使える優れものである。

写真Bがヒノキの柱である。節のあるものを一等材という。これは洋風の、壁の中に入る柱に適している。丈夫であるし、白アリや腐りに強く、香りも良い。価格もそんなに高くない。壁の中に入って見えなくなるのがもったいないくらいである。

写真Cは、無垢のヒノキの太い柱である。こういった、節の少ない美しいヒノキの柱を、ヒノキの化粧柱という。化粧柱には写真Dのように「背割り」というものを入れるが、これはひび割れが勝手に生じないようにするために施すものである。いいものを愛するには、まずそれらをよく知る必要があるから、木についてさまざまな知識を得られるとよいと思う。

日本には、こんなに素晴らしい木がある。輸入材にも良い木はあるが、なぜよりによって安くて質の落ちる木を外国から買うのだろうか。勉強しない消費者にも問題があるのではないだろうか。

11　無垢と合板のフローリングを比べてみる

突き板とは、合板の表面に薄くスライスした木目のきれいな木を張った板のことで、銘木突き板合板とも言う。突き合わせて張ったもの、と理解していただければよいと思う。

フローリングの床は人気がある。床に張る板のことを縁甲板《えんこういた》とも言う。幅七センチから一二センチ程度で、長さは七〇センチから三・六メートルのものまでいろいろある。フローリング材の型により、一一六ページ図1のものを「乱尺フローリング」、図2を「長尺フローリング」と呼んでいる。乱尺フローリングは主に洋間に、長尺フローリングは和室の縁側や和風の家の廊下に用いられることが多い。ヒノキや松は和風の造りに、ナラ、タモ、チーク材などは洋風の造りに使われている。

フローリングは、材質、製法で次の二つに大別できる。次ページの写真Aは合板の上にヒノキの薄板を張ったもので、写真Bは無垢のヒノキのフローリングである。切り口を注意深く見ると、無垢のフローリングのほうには木の年輪があることで、区別がつく。

一般にヒノキのフローリングというと、Aの合板ものがしばしば使われている。ヒノキの板を〇・二ミリほどに薄くスライスして、合板の表面に張る。見た目に美しく、伸び縮みのないものをメーカーで大量生産できる。しかし芯が合板なので、一〇～一五年で表面の薄いヒノキの板にひび割れが生じ、はがれてくることがあり、耐久性に問題が

図1　乱尺フローリング

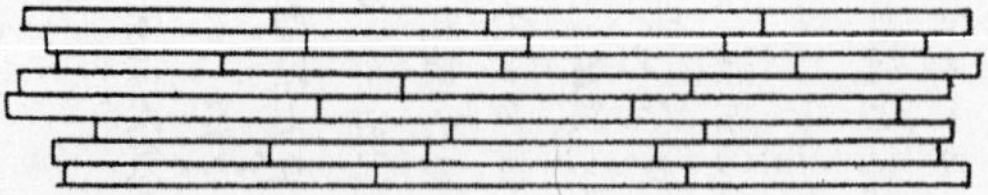

図2　長尺フローリング

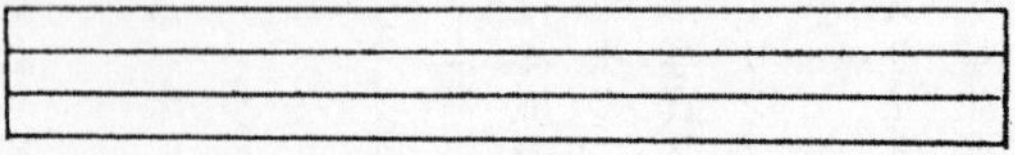

B　無垢のヒノキのフローリング

A　合板のフローリング

ある。また足裏の接地面の感触に難がある。それというのは、表面の薄いヒノキの下には、一面に接着剤が塗られているので、プラスチックの上を歩いているように足の裏が冷たく感じるのである。無垢のヒノキのフローリング上を歩いてみると、その違いがよく分かる。

無垢のヒノキのフローリングは、Bの断面図のように板目の両端が上の方へわずかに反ることがある。そこが無垢の味わいともいえる。

素足で歩くと分かるが、無垢のヒノキフローリングは、実に温かい。ヒノキはやわらかい木に属し、その中に空気を多く含んでいるので、断熱効果がある。香りがよく抗菌効果があり、健康にも良い。

12　息が詰まるプリントシート張りの家

住宅展示場で、あるプレハブ住宅の玄関に入ったとたん、息が詰まるような感じがした。なぜかと考えてじっくり眺めてみたら、ドア枠や窓枠、幅木、回り縁、階段手すりなど、一見木のように見えるところが、すべて木目をプリントしたビニールシート張りだったり、木の粉か紙を圧縮した建材で作られていた。

そんな風に感じるのは私だけかと思っていたが、その後、家の新築を検討している人から、同じような体験をしたという話を聞かされた。

一般にドア枠や窓枠には木が使われている。木には自然素材ならではの温かみがあり、住む人に安らぎやくつろぎを与えてくれる。木肌には無数の細かい穴があり、木に当った光を拡散して、ちょうどおぼろ月のように、目にやさしく映る。また、変化に富んだ木目や木肌の色合いには深みがある。自然の木にしかないこの豊かな質感は、住む人に満足感を与えてくれるに違いない。

一方、住宅展示場のモデルハウスに使われていた建材は、木くずを固めた加工物の上に木目を印刷したシートを張ったものである。

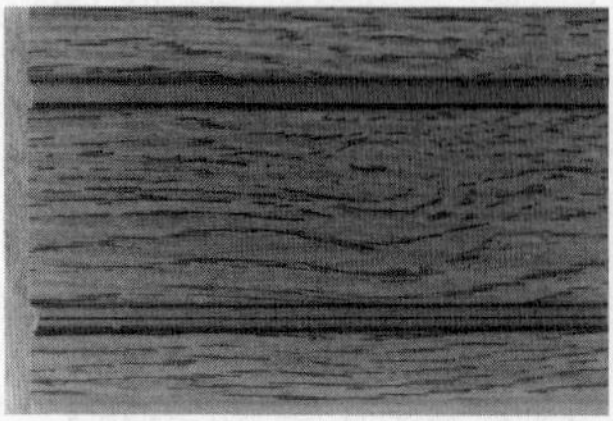

B　プリントシート張りの枠材

A　無垢の枠材

一見したところ、木と見分けがつかないくらいよくできたものもある。

しかしビニールシートで表面を覆ってしまった建材は、呼吸をすることができない。ビニールシートに直感的に違和感を感じたのは、私だけではなかった。ところが、何も感じないで、あるいは我慢して、そのプレハブ住宅を注文する人がたくさんいるのだ。自然と触れ合うことが少なくなった現代人は五感が鈍り、あらゆることに対して鈍感になっているかもしれない。

プリントシートや木くずの建材は、自然の木目と違って柄があまりに均一で、単純な印象を受ける。よく見ると表面がつるっとして、本物の木の味わいとはほど遠い。人が身近に触れる室内に使う建材としては、人工的なものはどうもなじまないと私は思う。

参考のために右に本物の木と、同じような模様を施したプリントシートの写真を紹介する。Ａが本物で、Ｂがプリントシートである。

13　壁の仕上げはビニールクロスから漆喰に

今日、壁や天井の仕上げ材はビニールクロス張りが全盛である。下地にプラスターボードという石膏板を使い、その表面にクロスを張る。施工が容易で早く進み、柄も多種多様な中から選べる。価格が安く、後日汚れたり飽きたりしてきたら簡単に張り替えられる。工期も短くて済むから、建築主や施工会社からも喜ばれ、まさに今の時代に適した素材に思えた。

しかし、ビニールという人工の素材だから、人によっては健康的でないという印象を持つこともある。確かにビニールクロスは通気をしてくれず、湿気も吸わないので、結露やカビが発生しやすい。部屋の閉めっぱなしは特にいけない。またビニールクロスは静電気が生じやすく、そこにホコリが吸着する。日に焼けて変色したり、なんとなく薄汚くなったりといったことも起こるし、しばらくするとはがれてくることもある。ただし、一時的な表面の汚れは拭けば取れるから、便利で

A　凹凸の大きい模様の漆喰壁

B　凹凸の少ない漆喰壁

もある。

ビニールクロスというと、安物の感じがつきまとう。ビニールクロスがクロスのイメージを安物に変えてしまったようだが、実は一六世紀の西欧ではクロスは高級なもので、本格的なクロスが壁に張られていた。現在も和紙やコルクのクロスなど、質の良いものもある。

一方、壁を左官で仕上げた漆喰にすると、健康に良く快適である。漆喰は、消石灰にのりや繊維質の物などを混ぜたもので、それをコテで塗り込むのは左官職人の仕事で、なかなか手のかかる作業である。水を使い、乾燥を待って仕上げることから、湿式工法とも言われる。住み始めると、漆喰壁の主成分の消石灰が湿気を吸い、室内の湿度を調整してくれるので健康的な住環境が生まれる。なにより自然のよさ、本物の重量感が味わえる。

また左官仕事の塗り壁は、建物を丈夫にしてくれる。防音の点でも優れている。表面の模様も、コテでいろいろ変化を付けられるので、写真AやBのような味わいのある壁もできる。

漆喰は、イタリア、フランスなど、西欧をはじめとして、世界中で使われている。これほど漆喰を使わない国は、日本とアメリカくらいなものかもしれない。

14 家具を知ると、家を見る目も育つ

建築の仕事をしていて建材のことはよく知っているつもりなのに、とんでもない家具を買ってしまうことがある。きれいに仕上げてあるので、見た目でごまかされてしまうのである。

写真Aは、某有名デパートで買い求めた勉強机の引き出し。前板と側板の間に、「ダボ」という筒状の木を埋め込んで、板どうしが離れないようにしてある。しかしこの方法では、物を詰め込んで重くなった引き出しを出し入れするうちに継ぎ目がゆるみ、前板が側板から抜けてしまうことがしばしばある。はずれた部分をよく見ると、パーティクルボード（木くずを接着剤で固めたもの）の前板がボソボソになっているのが分かる。側板は合板なので、なおさらダボの効きが鈍っている。この勉強机は極端な例だが、購入後一年程度で使い物にならなくなってしまった。

写真Bの引き出しは、前板と側板がしっかりと固定できるように、それぞれの端に逆三角形の切り込みを入れてはめ込んでいる。これは「アリ」というほぞの組み方で、引きの力にも強く、簡単には抜けない。この引き出しの前板は合板だが、側板には無垢材

B　アリで止めた引き出し

A　ダボで止めた引き出し

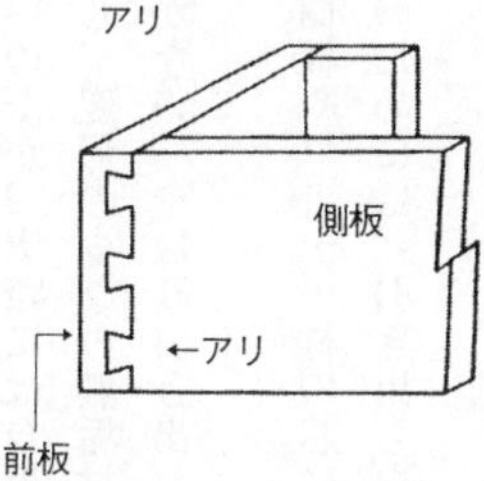

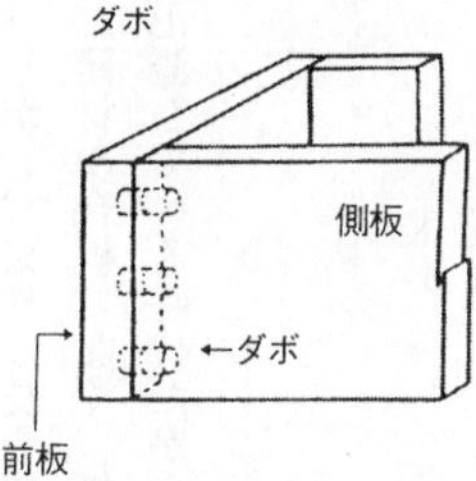

が使われている。前板も無垢を使うに越したことはないのだが、実際には合板が用いられることが多い。すべて無垢にするとコストがかさむし、変形の少ない無垢材を揃えることの難しさもあるからだ。しかし、合板は合板でしかない。やはり引き出しの前板は無垢の木がいい。

引き出しのある家具を購入するときは、引き出しの側板やコーナー材の芯に無垢材が使われているかどうかがチェックポイントになる。そのためには、引き出しを取り出して、裏側から切り口を見ればよい。

アリで組まれた引き出しと、ダボを用いた引き出しを、図で示してみた。現在市販されている家具のほとんどがダボを使って作られている。しかし、家具は長く使う大きな買物である。少なくともダボの相手は、木くずを固めた建材や合板でなく、無垢材であることが最低限の条件だろう。見せかけだけのものが氾濫している時代だからこそ、本当によいものを見極める目を持ちたいものである。

15　家の品格はドア枠などの造作材で決まる

室内に使われる造作材は、家そのものの値打ちや風格にもつながる。その名称や材料を知っていただきたい。造作材とは、ドア枠、窓枠、幅木《はばき》、回り縁、敷居《しきい》、鴨居《かもい》、長押などに使う材料のことをいう。造作材の部所、名称をイラストで示す。

■ドア枠　重いドアを吊るすためのもの、また、壁との見切りのための部材である。

■窓枠　アルミサッシが壁材（クロスや漆喰）と直に接すると、結露してはがれたり崩れてきたりするので、それを防ぐためにある。また、部屋のインテリアとしてメリハリのある美しいデザインを作り出すためにも必要な部材である。

■幅木　床と壁との見切りである。足やスリッパ、掃除機などが壁に直接当たって傷を付けることを防ぐためにある。

■回り縁　天井と壁の境になる部材である。

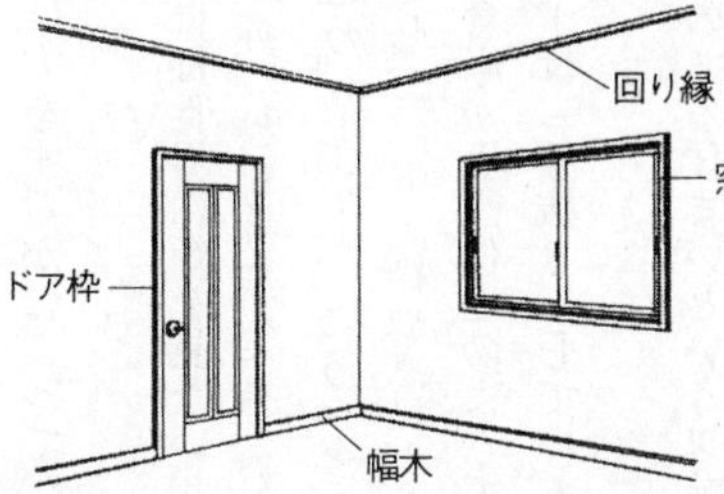

造作材の名称

人が天井を見上げて、一番よく見える所なので、昔からこの回り縁に使う素材とデザインには思いを入れてきた。

このほか、和室の造作材として、敷居、鴨居、長押などがある。これらの造作材にどんな木を使い、どんなデザインにして、どんな取り付け方をするかによって、家の品格が定まってくる。

建築は、その国の文化を代表するものである。日本には世界に類を見ない、木による建築の文化がある。それを知ることは、教養の一つであるとも言える。「そんなことはどうでもよいことだ」と言う建築の専門家も多いと思う。しかし、こういった考えが、安物でまがい物の材料を横行させているのである。そして、ドア枠や窓枠もない家が、大手住宅メーカーによって造られているのだ。まるで倉庫か仮設住宅のようである。このように造作材などを除いてしまっている住宅メーカーは、手抜きをしているのと同じかもしれない。

枠材などの造作材にはどんなものが良いのか、品格のある住まいという以前の「窓枠もない家」について、次の項目で考えてみたい。

16　窓枠もない家を建ててはいけない

窓枠などの造作材の材質を云々する前に、中には写真Aのように窓枠のない家があることに言及しておきたい。また、写真Bのように、庭へ出る掃き出しのサッシの開口部にも枠がないものもある。

窓枠が本物の木であるかそうでないかは別にして、普通は枠があるものだ。窓枠を取り付けずに済ませれば、その分、材料も手間もいらなくなり、住宅メーカーは住宅の原価を安く抑えることができる。建築主の側に、出入り口や窓に枠が必要かどうかの知識がないこともある。おそらく、言われてみて初めて気が付くという人が多いだろう。

A　窓枠のない窓

B　窓枠のない掃き出し窓

日々、住宅建築に携わる者にとって、窓枠を省くという発想は、思いもよらないものである。ビニールクロスを壁のコーナーで折り曲げ、サッシのアルミフレームぎりぎりのところまで張るなど、まるで手抜きのような住宅を、平然と自信を持って発売している……。これが、誰でも知っているような有名な会社がしていることなのである。どう見ても倉庫のような安普請の家造りがまかり通っていて、時折、私の主張のほうがおかしいのかと悩んでしまうくらいだ。

ではなぜ窓枠が必要なのか。窓の木枠には、壁とサッシの見切りになり、壁の角が崩れたりへこんだりしないようにする役割がある。サッシまで巻き込んで張ったクロスは、サッシの結露などではがれやすい。それを防ぐために、木枠を取り付ける必要がある。

当然あるべき窓枠がない住宅が売れるとは、すごい時代だと思う。この住宅メーカーの家の押入れは、内部にプラスターボードを張った状態で仕上げとしていた。プラスターボードというのは、本来なら下地材である。室内の開口部には枠が入っていたが、よく見ると、ビニールに包まれた枠材であった。全く大した発想である。

ドア枠、窓枠などの造作材は、家の格を作り出す大事な要素だ。家造りの夢と住む人の誇りをセールスポイントにしているにもかかわらず、いわゆる安造りの家を建て、それを売り続けている住宅メーカーの自信には、感心せざるを得ない。

17　タモと青森ヒバは理想の造作材

一三〇ページの写真Aは、本物のタモである。木目がはっきりして、美しい木である。写真は板目であり、特に模様が美しく出る。

タモは、ナラやブナと同じ広葉樹の堅木である。無垢のタモのドアを吊り込むときでも、木がしっかりしているので、ドアの重さに負けることがない。

何度も述べているが、造作材とはドア枠、窓枠、幅木、回り縁などに使う木のことである。特に洋間などは、これらの造作材に同じ木目のタモを使うと美しいものである。また、ドアの枠だけでなく、ドアそのものにもタモの無垢材を使うと、高級感も出てくる。

さらに、クローゼットの扉、造り付け家具にも無垢のタモ材を使う。写真Bのようにシステムキッチンの戸扉にも、同様に使う。室内のデザインに使う木を、同じタモ材で統一し調和を図ると、美しいだけでなく、高級で贅沢なものになる。

タモにも、板目と柾目がある。写真Cの戸では、枠が柾目、鏡板は板目である。柾目

B　無垢のタモのキッチン戸扉

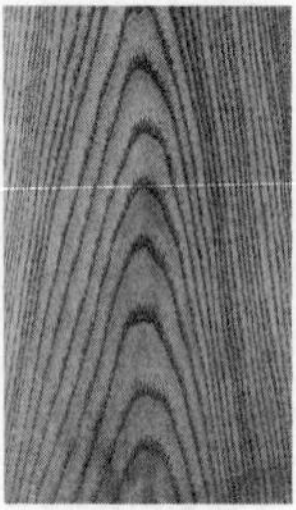

A　タモの無垢材

D　無垢の青森ヒバの窓枠

C　タモの板目と柾目

はおとなしく、伸び縮みが少ないので、ドアの枠に使う。中の鏡板は、木目模様を楽しむなら板目を使う。人によっては、柾目を好むこともある。

写真Dは無垢の青森ヒバの窓枠だが、青森ヒバを室内の造作材に使うのは、関東あたりでは少し贅沢なことといえる。青森ヒバはヒノキ科の木であり、香りが素晴らしく、ヒノキチオールを含んでいる。虫を寄せ付けず、そこからアトピーの薬まで開発されているという。健康的で素晴らしい木である。木目もおとなしく、品よく美しい。抗菌作用にも優れ、カビが生えないので、まな板にも適している。浴室の壁や天井に張ると、温泉にでも来たような気分になれる。もちろん結露などしない。

この青森ヒバを造作材全てに使えば、大変美しい部屋になる。贅沢かもしれないが、ドアも青森ヒバの無垢にできれば理想的である。

青森ヒバやタモの造作材と、木くずを固めてビニールシートで張った造作材を比べると、そこに天と地ほどの差があることは否めない。

18　ドアの質はピンからキリまで

システムキッチンや家具を買うとき、扉や戸など建具が異なるだけで、価格に大きな差が生じることにお気づきだろうか。見た目だけで判断せず、実体を知った上で選びたいものだ。そこで、建具はどのように作られているのか、断面を見ながら説明してみよう。

■無垢材の框建具（図1）

無垢材で枠を組んだもので、基本的な建具。耐久性に優れ、本物の木ならではの深みがある。ただし狂いのこない木を厳選したり、木目が美しい銘木を多量に使うことから、高価なものになる。框の中の鏡板は合板と無垢材とがあるが、無垢材を使ったものが最高と言える。

■集成突き板を使った建具（図2）

集成突き板とは、芯が松などの集成材で、その表面にナラなど木目の美しい木を薄くスライスして張ったもの。狂いが少なく、ネジや金物をしっかり取り付けられるので、合板で作られたものよりずっと丈夫だ。建材や建具として上級の部類に入る。

■パーティクルボードの建具（図3）

木くずを接着剤で固め、ポリエチレン樹脂やメラミン樹脂などのフィルムで表面を覆ったもので、工場で大量に生産される。比較的低価格のシステムキッチンの戸扉に使わ

図1　框建具

図2　集成突き板を使った建具

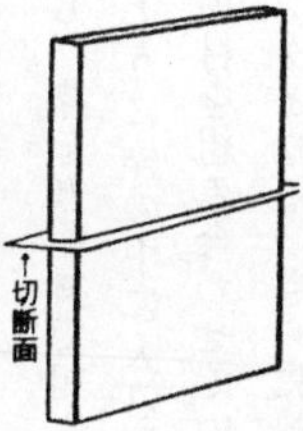

図3　パーティクルボードの建具

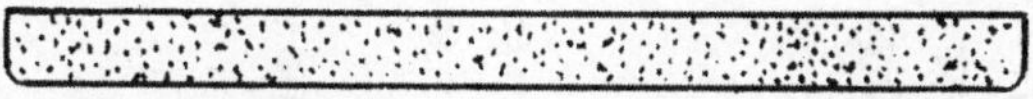

図4　フラッシュ戸（太鼓張り戸）

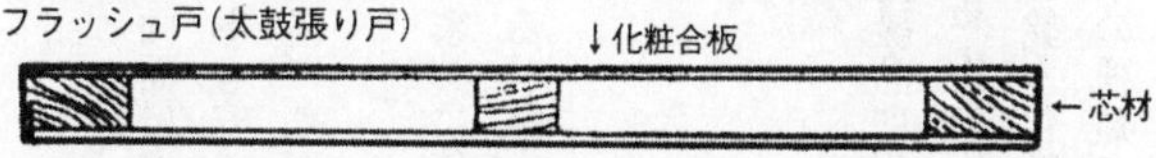

図5　ベニヤ（合板）建具

れる。

■フラッシュ戸（太鼓張り戸）（図4）

家具や建具に最もよく使われている。芯材をはさんで両面にベニヤの化粧合板を張り合わせたもので、中は空洞。軽量で狂いが少なく、コストも安いので、家具の側板などはほとんどこの作り方。化粧板の種類、品質によって価格に差が出る。

■ベニヤ（合板）建具（図5）

合板を芯にして両面に化粧板を張ったもので、安物の家具に使われている。芯材に力がなく、ネジも効かないので、早い時期にがたつき始める。耐水性に乏しく、表面がはがれやすいなど、品質は低い。

19 建具や家具は素材や作りを見て選ぶ

建具のなかでも、枠を無垢材で組んだ「框建具」は高級品に相当する。その框建具の中でも、図1のように枠の中に入る板（鏡板）が一枚板のものが最上級品。次は図2で、幅の狭い無垢材を組み合わせている。図3のように銘木化粧合板を差し込んだものは、その次のランクとなる。さらに枠材に使用する材木の種類によっても、おおよその

図1　鏡板に無垢の木を組み込んだもの

図2　幅の狭い無垢の木を並べて組み合わせたもの

図3　銘木化粧合板を差し込んだもの

図4　框建具風パーティクルボード

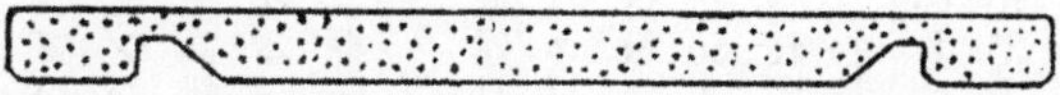

図5　フラッシュ戸で作られた框建具

切り口(見付け)に化粧板や化粧テープを張る

↑額縁を回して枠組み建具の感じを出す

図6

たたくと空洞になっていることが分かる

切り口(見付け)に化粧板を張る

等級に分けることができる。ごく一般的に使われているのがラワン。アガチス、ピーラー、松などは中級品で、ナラ、オーク、タモ、センなどは上級品。チーク、ローズウッド、紫檀、黒檀、ヒノキなどが使われていれば最高級品である。

無垢の枠材を使った建具はどうしても高価になる。そこで、安価な素材を使って無垢材らしく見せる技術が発達した。例えば図4の「框建具風パーティクルボード」は、本物に見せかけたまがいものである。製造方法によって、耐久性や品質に大きな差が出る。また図5のようにフラッシュ戸で作られた框建具もある。フラッシュ戸の中を切り抜き、中板を入れたもので、一枚もののフラッシュ戸よりは上級品といえる。通称「中落ちパネルフラッシュ戸」という。図6は框が合板でネジの効きが悪い。

芯材をはさんで両面に板を張り合わせたフラッシュ戸は、軽量で狂いが少なく、コストも安いので、家具の側板や建具に最も多く使われている。フラッシュ戸もまた板の種類や品質によっていくつかの等級に分けられる。まず、表面の素材によって価格はかなり違う。プリント合板や合板を塗装したものがいちばん安く、ポリエステル樹脂合板を使ったものはやや高くなる。フラッシュ戸のなかで上級の部類に入るのは銘木化粧合板を使ったものだ。銘木化粧合板とは、ナラ、シオジ、タモ、チークなど、木目の美しい木を〇・二ミリから一ミリ程度の薄い板状にスライスして、合板に張り付けたもの。さらに厚くスライスした板を焼いたり薬をかけたりしてから、やすりでこすって木目を美しく浮き出させた「ウヅクリ」という高級品もある。また、一三五ページの図のように、作り方によっても等級がある。

建具や家具を選ぶときは、切り口を見る、表面の質感を見る、指でたたいてみるなど、素材や作り方を確かめてから選びたいものだ。

20　お粗末な「ぶっつけ工法」を見抜くには

腕のよい料理人が上質の素材を選ぶように、住まいの建築でも腕利きの大工はよい木の素材を求める。しかし、柱一本、敷居一丁にしても、もし大工が取り扱いを誤ってムダにしてしまったら、何日もただ働きを強いられるほどの損失になる。腕に自信がなければ、高価な材木は扱えない。

ヒノキのカンナがけにしても、よく研いだ刃と狂いのないカンナの台、それに技量が伴って、若い女性のもち肌のように薄桃色の木肌に仕上がる。

ところで、昨今の建築現場には「ぶっつけ工法」がまかり通っている。ぶっつけ工法とは、ただ簡単に釘を打って部材を止める方法である。幅木の施工を例にとって説明し

美しく施工された幅木

図1

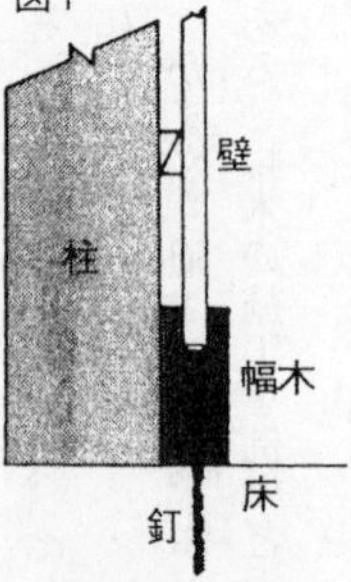

図2

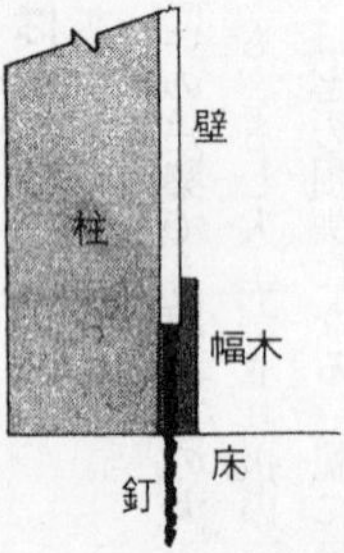

図3　ぶっつけ工法

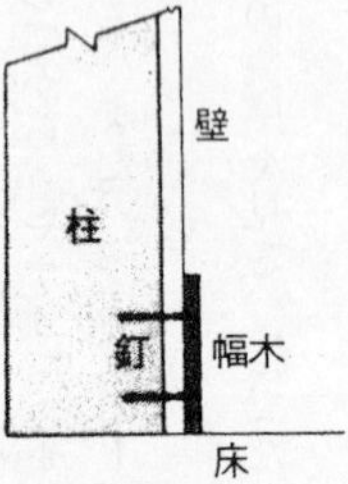

よう。

一三八ページの写真は幅木を取り付けた部分を拡大したものだ。幅木の表面に釘が出ていないので、仕上がりが美しい。図に描くと、図1、2のようになる。幅木の上部から釘やビスなどで床に止めている。こうすれば幅木が床にしっかり固定されるので、決してはがれない。釘のキズもなく、見た目もきれいに仕上がる。幅木の上は漆喰壁である。

これに対しぶっつけ工法は、図3のように、幅木に直接釘を打って壁に止めつけてしまうか、ノリで張り付ければよい。釘で止めると釘の跡が残るから、幅木を茶色や白に塗装する場合は、パテで釘穴をふさぐ。また、跡を目立たなくするために釘の頭を落とすこともあるが、こんなことをすれば後になって外れやすくなる。なぜこんなぶっつけ工法がまかり通っているのだろうか。

大きな理由は、コストが下げられることだ。図1の幅木に対して、3の幅木の体積は二分の一から三分の一ですむから、当然、幅木自体の価格も下がる。クギを打つだけだから手間がかからず、大工の手間賃も節約できる。紙や木くずを固めた幅木を使うのに技術はいらない。

腕利きの大工なら、よいものを作って長く誇りにしたいと考える。しかし今の住宅業界は、儲け中心の企業が市場を支配し、ぶっつけ工法が当たり前になっている。名の知れた住宅メーカーでさえ、ほとんどこの工法である。

21 建築現場こそ正直なモデルハウス

住宅展示場のモデルハウスはデザインを中心に、これから家を建てようとしている建築予定者に美しく着飾った住宅を展示している。特に外観は、女性に気に入られるような姿をしている場合が多い。アプローチから玄関に入ると、そこに住めそうなくらい広々とした空間が目に入る。頭上の吹き抜けがさらに広がりを演出し、そこに洒落た家具などが置いてあれば、思わず夢に酔いしれてしまうだろう。

ところが、どこも同じように美しくデザインされた家の骨組はというと、それぞれが違うのである。柱を組んだ在来の木造軸組工法、合板を釘で打ち付けて組み立てるツーバイフォー住宅、細い鉄の柱の鉄骨プレハブ住宅など、構造は大きく違う。

大事なのは、それを建てている最中の骨組を見ることである。素人だから分からないと逃げるのではなく、建築現場の中に入って、その目で見て感じることだ。「これはガッチリしているな」とか、「こんな細い柱で大丈夫か」など、それなりに感じるところ

A　無垢材を使った建築現場。梁は日本の松、柱はヒノキ

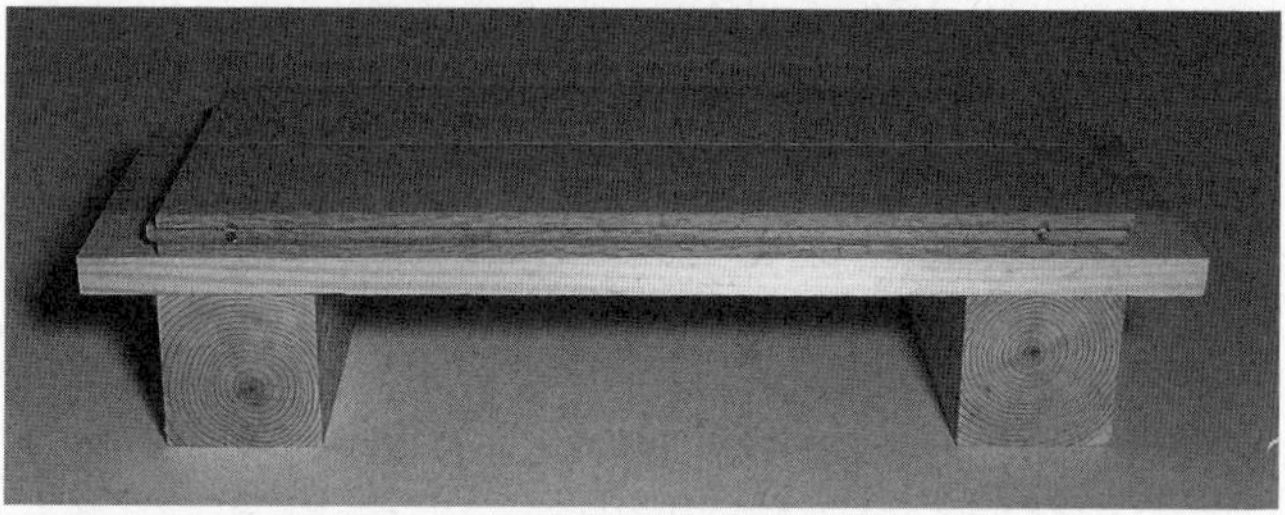

B　太くてしっかりしたヒノキ芯持ちの根太、床はタモやナラの無垢

があるはずだ。雨の降った後に見に行ったら、ベタ基礎の土間にプールのように水が溜まっているのを発見するかもしれない。防腐剤が塗られている現場では、気分が悪くなることもあるだろう。内部仕上げをしているとき、搬入されている材料を見れば、それが何か一目瞭然である。接着剤を多用した新建材ばかりがあることに気が付くと思う。

一方、無垢のヒノキや青森ヒバを使っている建築現場に入れば、その素晴らしい香りに心が癒されることだろう。床を支える根太の太さを見るのも楽しいものだ。素人でも五感で感じるものである。建築中の現場を、工事中で危険だから見せないという住宅メーカーは、中身に自信がないと思われても仕方がないだろう。私も、住宅メーカーの現場を通りすがりによく覗くが、驚くことが多い。人が住む室内の床を、左官屋がコテでモルタルならしをしている。その上に直にフローリングやCFシート（ビニールシート）を、糊付けで張るのである。

いい家を建てるためには、自分で現場を見て感じることが大切である。

第2章　無垢の木を生かして使う知恵

1　ヒノキは最高の建築材料

世界最古の木造建築である法隆寺を、一三〇〇年以上支えてきた木がヒノキである。今後も一〇〇〇年は堅固であろうといわれるのは、驚異であり感動的だ。鉄やコンクリートなら、ずっと昔に確実に崩れている。

日本書紀にも、宮殿にはヒノキを使うようにと記されている。昭和六二年、奈良県桜井市の纏向《まきむく》遺跡で、古墳時代の宮殿に用いられたとみられるヒノキの部材が発見された。日本人は古代からヒノキがいかに優れた木であるかを知っていたのだ。

ヒノキは、北は福島県から南は九州まで、全国に分布しているが、天然林は木曾など数カ所に残るのみで、ごく少量が切り出されているにすぎない。現在、広く使われているヒノキは植林されたもので、樹齢約六〇～七〇年のものがほとんどだ。ヒノキの産地としては、木曾、吉野、尾鷲、東濃がよく知られている。静岡、四国、九州も大きな産地である。実は東京の奥多摩でも、太い良質なヒノキが出荷されている。節のない吉野ヒノキは、淡いピンク色が好まれ、高級住宅の和室の柱などに使われる。また、尾州ヒノキの大木から取る柾目は、板ものとして数百万円で取引され、寿司屋のカウンターなどに珍重されている。

ヒノキは丈夫で粘りがあり、艶のある美しい木肌を持つ。長い間香りの良い精油分を発散し続けるが、この精油分には虫や細菌を寄せ付けないという優れた特徴がある。気分を和らげる効果があるので、枕にも使われ、エキスは化粧品や養毛剤にも用いられる。まな板にされるのは殺菌力があるためで、ヒノキの弁当箱を使うと夏でも日持ちがよい。住宅の柱としても、最も優れている。法隆寺で実

無節の無垢のヒノキ柱、4寸角、6寸角

証されているだけでなく、ヒノキで建てた民家で、一〇〇年、二〇〇年たっても健在なものは数えきれないほどある。しかし、残念ながら家を建てるにあたって、柱や土台などの構造材を吟味する設計者が非常に少ない。一方、建て主も、日本の風土に合った、優れた建築材料ヒノキがあることを見過ごして、見せかけの建材にまどわされがちだ。住まいの命が構造材にあることは、一〇〇〇年以上の歴史が教えてくれていることを、もう一度思い出していただきたい。

2　洋風の家こそヒノキ造りに

ヒノキの家というとまず和風住宅が思い浮かぶだろう。建築費がかさみそうな印象もある。確かに、ほのかに赤く艶のある白木の美しい柱、節のない無垢のフローリングの床など、高価な材木が使われる。

ヒノキの柱は二種類に大別できる。一つは和風の化粧柱に使うようなほとんど節のない柱で、値段も相当高くなる。もう一つは節のある柱で、等級は一等材になり、洋風の家や洋間などで、柱が壁に隠れて見えなくなる大壁造りの部分に使う。節のない柱に比べると価格もかなり割安である。

節があってもヒノキはヒノキである。壁の中の見えないところで、ヒノキの際立った能力を存分に発揮する。腐りにくく、白アリに強く、耐久性に優れている。また香りがよく、体にもよいので、住宅材としては最も信頼のおける木である。高温多湿の日本の気候では、壁の中に湿気が溜まり、夕日などに照りつけられて蒸れると微生物や白アリが繁殖しやすくなる。このような壁の中の柱は、どうしてもヒノキを使いたいものだ。

一方、洋風ばやりの昨今、見えなくなる柱に価格の高い材木を使う必要はないということで、米ツガ材や集成材が多く用いられている。米ツガ材はアメリカやカナダから大量に輸入され、柱だけでなく多くの部材が規格品として揃っているうえ、安いコストで済むの

洋風の家にもヒノキを使う

で、できるだけ安く家を建てようとする建築主に役立ってきた。また、仕入れ価格を抑えて高収益を上げることを仕事にしている建売住宅会社や住宅メーカーに好まれてきた材木である。

米ツガ材は、ヒノキに比べ白アリや腐りに弱いのに、昔から建売業者は米ツガ材を好んで使っていた。今では一部の大手住宅メーカーまでが多用している。また、前にも述べた、北欧から輸入されているホワイトウッドの集成材も、白アリに強い木ではない。大切な財産の住まいが白アリの餌になってはたまらない。洋風デザインが住宅建築の主流を占めている時代、壁の中に収まって見えなくなる柱だからこそ、節があっても能力の実証されている柱、ヒノキを使うことが理にかなっていて、いい家の条件の一つとなるのである。

3　間柱や壁野地板は白アリに強いヒノキで

白アリの被害は思いのほか多いものだ。写真は柱や間柱《まばしら》だけでなく、壁まで白アリに食い荒らされてしまった家である。二階の床も白アリの被害にあっていることが分かる。東京都内にあるこの家は、築後七年ほどしかたっていない。「地震のとき、家が船

白アリにやられた家

■材木別白アリ被害の比較 （宮崎大学農学部試験結果）

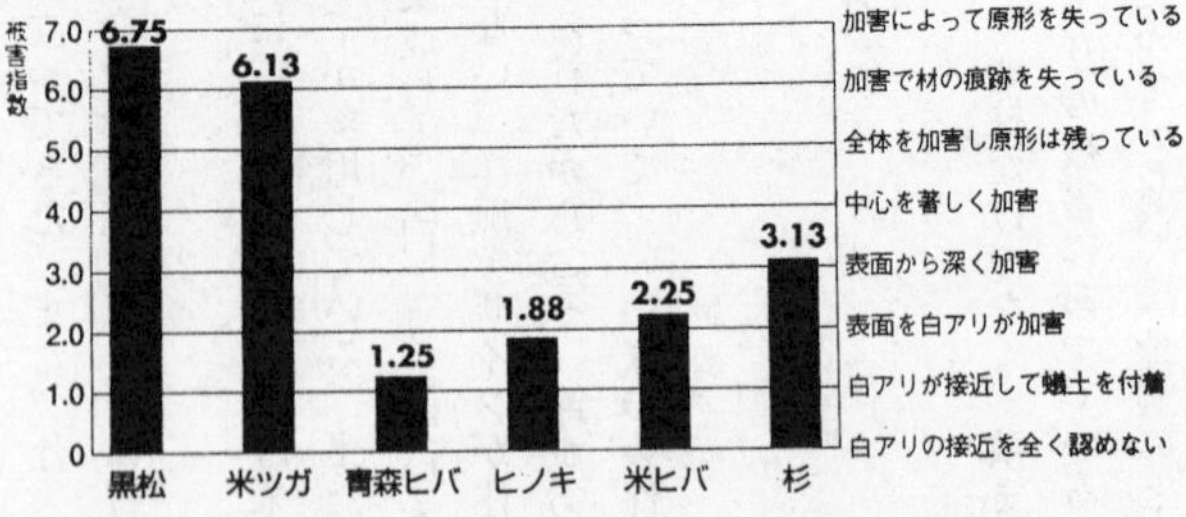

のように揺れるので調べてほしい」と住人が訴えたことから、この惨状が露呈した。この例で分かることは、白アリは地上に近い部分だけを食うのではなく、被害は建物の上部にまで及ぶということだ。地面から一メートル以内の範囲に防腐剤を塗るといった対応では、それほど効果がないことが証明されている。

右の表によると、いちばん白アリにやられやすい木が黒松だが、黒松は柱や土台にはほとんど用いられない。次に被害にあいやすい木が、大部分の住宅メーカーや建売業者が土台や柱に使っている米ツガ材だ。一方、ヒノキやヒバなどヒノキ科の木が白アリに強いことは表にも表れている。ヒノキ科の木は精油分を含み、木自身が白アリなどの害虫から身を守るように進化している。中でも青森ヒバは白アリに絶大な効力を発揮する。青森ヒバにはヒノキチオールが含まれ、そのヒバから抽出されたヒバ油は殺菌力が強いので、リンゴの木の防腐防虫剤にも利用されている。ヒノキ科の材は芯の赤い部分が特に白アリに強く、土台に使うときは赤身の芯持ち材を使うとより効果的だ。

写真の白アリにやられた家では、柱と間柱は米ツガ、野地板《のじいた》は杉であった。野地板には、あばれにくく加工しやすい杉が好んで用いられるが、白アリや腐りに対する強さの点では、ヒノキは杉より優れている。やはり柱だけでなく、野地板もヒノキのほうがよいのである。釘の効き方も明らかに違うから、ヒノキを使えばしっかりとした壁を作ることができる。

ところで、「ヒノキ造り」をうたっているメーカーでも、間柱にはほとんどが米ツガを使っている。メーカーは「構造に関係ない部分だから問題ない」と言うが、写真を見る限りそうは言えないようだ。高温多湿な気候に適したヒノキや青森ヒバが、日本にはある。多少、費用がかかっても、本当にいい家を建てるためには、柱や間柱、野地板の材種にもこだわりたい。

4 青森ヒバと米ヒバはここが違う

ヒバはヒノキ科に属する針葉樹で、有名なヒノキチオールという成分を含んでいる。腐りや白アリに大変強い木である。木肌が美しいので、土台や柱だけでなく、ドアや窓の枠材、建具の素材としても適している。内装材として、青森ヒバの羽目板を室内の壁に張って、木の感触を楽しんでもよい。

ヒバというと青森ヒバが有名だが、北米産の米ヒバもある。米ヒバは青森ヒバによく似ていて、素人目には区別しにくい。年輪は、青森ヒバほどハッキリ出ていない。木肌は艶があり、すべすべしている。大木を柾目で扱うことの多い寺社建築では、かつては

A　青森ヒバ

B　米ヒバ

木曾の尾州ヒノキが使われていたが、産出量が少なく高価なため、現在では台湾ヒノキと共に米ヒバが代用されている。

写真のAが青森ヒバで、Bが米ヒバである。実物を比べても分かりにくく、写真ではなおさら区別がつきにくいが、微妙な違いは現れている。まず木目を見ると、青森ヒバのほうが板目も柾目も濃く美しく出ている。木の模様を楽しむとすれば青森ヒバだろう。

色合いを見ると、青森ヒバは黄色味のなかに少しくすんだ感じを持っている。米ヒバは黄色味を持ちながらも、白く明るい印象を与える。素人目には米ヒバのほうがきれいに見えるかもしれないが、玄人は渋い見栄えの青森ヒバを選ぶだろう。米ヒバのほうが短期間で黒く変質すると言われているが、それほど大きな差はない。価格は青森ヒバのほうが高い。

両者の違いがハッキリ出るのは香りである。どちらも強い香りを持っているが、米ヒバの香りにはくせがあり、青森ヒバのほうが香りがよい。青森ヒバからはヒバ油がとれ、それが強い芳香を放つ。一度その香りをかげば、記憶に残る。このヒバの精油分には虫を寄せ付けないという効果もある。壁などに青森ヒバを使っている部屋には、蚊も入ってこないといわれているほどだ。

木の名前や特徴を覚えると、人生が少しばかり豊かになった気がするのではなかろうか。そして、家を建てるときにも大いに役に立つことだろう。

5　梁に適している米松と内地松

梁とは、柱の上部に接続して水平に渡したもので、床の重さを支えたり、梁の上に載る柱を支えたりする構造材である。写真Aの横に渡した部材が梁だ。二階の床を支える梁は、写真のような厚みのある平板状になったものを使う。

さて写真Aの梁は、一般にアメリカから輸入される松「米松」である。都市部で建てられる住宅一〇〇軒のうち、九九軒にはこの米松が使われている。平板が取れる幅広の木は日本では希少で、輸入に頼らざるを得ない。輸入材が比較的割安で、安定供給をしてくれるのである。

写真Bは国内産の松「内地松」の梁である。通称「地松《じまつ》」という。このような平板状の大きな梁は価格が割高で、今では使われるのが珍しい。

写真AとBを見て、米松と内地松の区別ができる方は少ないのではないだろうか。モノクロ写真ではなおさらだが、実物を見ると、米松は赤みを帯び、内地松は少し黄色が

A　米松の梁

B　内地松の梁

C　米松の断面

D　内地松の断面

かった白色で、持つと、内地松のほうが米松よりかなり重く感じられる。

梁の切り口の写真は、Cが米松で、Dが内地松である。内地松のほうが、年輪が概して密になっていて、特に外周に近いほどそうなっている。実は木の質そのものが、米松に比べ内地松が密なのだ。

これは内地松の方が本来的に丈夫なことを表し、持って、触って、施工してみれば実感できる。なお、米松でももっと木目の詰まったものをピーラーと呼び、強度と質の高いものもある。これは、化粧材として見せる梁や柱、造作材に使われる。

米松は強度もそれなりにあり、しかも性質は素直である。一方、内地松はねじれやすく、少し扱いにくい面があるが、小屋梁（屋根を支える梁）などには、幹が曲がっていても材として生かして使える。このように特徴を生かした使い方をすれば、それほど高くはつかない。

今、内地松を使う建築現場はほとんどない。価格が高いからだ。特に、板ものの大きな梁は高価である。一部にでも内地松を使っている工務店には、建築へのこだわりを感じるものである。

6　クローゼットの扉に無垢のタモやヒバを

写真Ａは、クローゼット用の無垢のヒバの扉である。木肌や艶の素晴らしい感じは、写真でもお分かりいただけることと思う。

写真Ｂは、タモの無垢の扉である。タモ特有の木目の美しさが見られる。ヒバは針葉樹なので、木の表面がきめ細かく、繊細な年輪模様は和風の雰囲気に合う。広葉樹のタモの木目柄は華やかなので、洋風の家に合う。無垢の木の建具は少しぜいたくかもしれないが、本物だけが持つ気品が漂っている。

自然素材である無垢の木を住まいにできるだけ使っていきたいというのは、素材の安全性や、家の格を高めるという点からも、素朴で率直な感情である。住宅メーカーは「無垢の木や無垢の扉は、伸び縮みがあって狂うことがありますよ」と言い、プリント合板や木くずを接着剤で固めたパーティクルボードを勧めるが、本心では無垢材のほうが良いと分かっているのだ。打ち合わせの中で、メーカーはしばしば「費用を多く出していただければ、無垢にできます」と言う。例えば、柱は現在ほとんどが集成材だが、「別途に負担をしていただければ、ヒノキの無垢の柱にできます」という調子である。

B　タモの無垢の扉

A　ヒバのクローゼット用扉

D　タモの無垢を使った靴入れ

C　タモのクローゼット用扉

また、システムキッチンの価格は扉によって左右されるが、無垢の扉が一番高価であることからみても、やはり無垢の木、無垢の扉がいいものであり理想のものであることは、誰もが認めるところなのである。

だからといって、私が設計する場合でも、建築費との関係で、全ての扉や建具を無垢材にしているわけではない。やはり無垢の建具は、フラッシュの建具よりどうしても高くなり、標準仕様に入りにくいものである。だから希望としては、せめて居間などの主だった部屋の入り口には、無垢の扉を使いたい。玄関の靴入れや寝室のクローゼットの扉も同じようにすれば、さらによい。写真Cは、実際にクローゼット扉に施工した例である。建具のデザインから、本物のタモを使っていることがお分かりいただけると思う。写真Dは、玄関の靴入れに使用したタモの無垢建具である。本物の素材、それも質の高い木にこだわって建てるのも、楽しいものである。

7　造り付け収納家具の箱や扉も無垢材で

収納家具、造り付けの壁収納などの扉を無垢にしたら、その箱の部分も無垢の木で造ってみたいものだ。

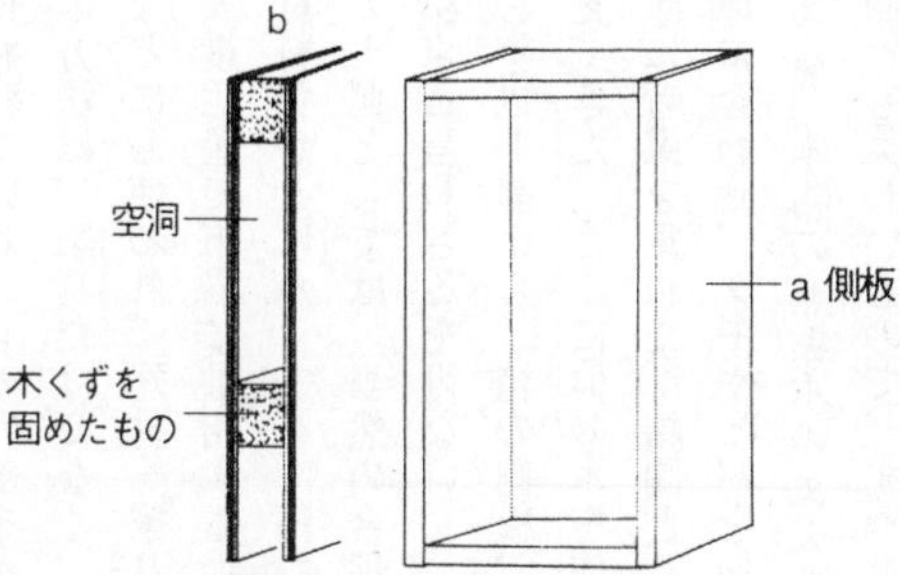

図1

C　タモと桐の引き出し

B　タモの無垢の本棚

A　タモの無垢の側板

図1で示すように、aの側板は一般的に、フラッシュという、両側が合板で中は空洞のものが使われている。aの内部を示したのがbであるが、芯は木くずを固めたものである。この方法は、家具だけでなく、システムキッチンのキャビネットや洗面化粧台の箱の部分などにも使われ、建材・家具・衛生設備などのメーカーの基本的な手法になっている。大量生産で市場に供給するには、この方法しかないともいえる。この方法の利点は、①材料費がとにかく安くて済む、②軽い、③狂わない、という所にある。作って売るメーカー側としては、当然の合理性である。しかし、買う方からしてみると、あまりにもお粗末と言わざるを得ない。

私は二〇年以上前から、箱の側板、裏板、引き出しの底板まで、すべて無垢の木で作ろうと考えてきた。どこに何の木を使うか、木の模様やデザインが部屋全体と調和するよう、考慮に考慮を重ねた。結論としては、側板は室内の造作材（ドア枠、幅木など）や家具の扉に合わせ、タモやヒバを使うことにした。写真Aは、収納家具の側板がタモの無垢である。本物の無垢木の丈夫さ、質感は、見て触って手でたたくとよく分かる。ヒバ材の側板も美しいもので、すっきりした格調高い室内デザインとなる。

写真Bは、本棚をタモの無垢で作ってある。棚板もすべて無垢材である。この本棚は、一〇〇年でも二〇〇年でも持ってしまう。

この本棚には、裏板に無垢の桐を使っている。一般的な合板だと二～三ミリがせいぜいであるが、この桐の厚さは一二ミリもある。桐はタンスに使われることで有名であるが、軽く軟らかいのに丈夫なのである。

さらに、造り付け家具の引き出しを考えてみる。写真Cの引き出しの前板はタモの無垢板である。ここで特に注目していただきたいのが、箱の底板と側板に無垢の桐を使っていることだ。桐は調湿作用に優れているので、木の表面はいつもサラッと乾燥していて衛生的、見た目も豪華で美しい。一つの理想にたどりついた思いである。ものづくりの醍醐味を感じる。

8　収納の内側を桐や杉で仕上げる

1押入れの床、壁、天井を桐で包む

ここでは、どこまで桐を使うかにこだわってみたい。写真Aは、押入れの壁、天井に厚さ一二～一三ミリの無垢の桐を使った例である。桐の良さは、調湿性と防虫効果に優れていることである。見た目も美しく、健康にも良い。適度に音を吸ってくれるので、落ち着いた静かな部屋になる。写真Bは、屋根裏収納部分に桐を使ったものだ。桐は非

A　無垢の桐を張った押入れ

B　桐を張った屋根裏収納

C　杉を張った
クローゼット

D　壁に杉を張った納戸

常に軽い木で、空気を多く含み、断熱性にも優れている。屋根裏には断熱材を充塡してあるが、熱気が強く、収納としては条件の悪い場所だ。そんな所に使うのは少々もったいない気もするが、桐の効果を発揮できる場所である。

押入れの中には一般的に、厚さ四ミリのラワン合板が使われる。もっと質を落として、プラスターボード（クロス張りなどの下地材）をそのまま仕上げとしている住宅メーカーもある。少し上等のものとしては、シナの木の突き板合板がある。私も昔、このシナ合板を使っていた。漆喰や杉板張りの押入れはかなり上級であるが、やはり桐が理想的である。

2クローゼット、納戸の壁に杉を張る

クローゼットの扉にタモやヒバの無垢材を使った場合でも、箱の中は一般的に合板貼りである。それは、どのメーカーでもだいたい同じであり、世間では常識となっているといえるだろう。

写真Cは、クローゼットの壁、天井に杉を張っている。クローゼットの中には、高価で大切な衣装を納めることもあるだろうが、そのとき、合板やビニールクロス張りだと、接着剤や塩ビから発する揮発性ガスも気になるところだ。「ホルムアルデヒド対策済み」と言われても、合板をなるべく減らしたいという気持ちもあると思う。写真D

は、納戸の壁に杉を張った例である。納戸の中は、プラスターボードの下地のままか、よくてもビニールクロス張りが一般的であるが、中も同様に桐を使ってみたら、書斎として使えるくらい、上等な納戸になった。

なお、杉は大分県日田の自然乾燥材で、化学物質過敏症の方にも、やさしいものである。

9 和室の押入れを総桐で作る

桐のたんすと言えば、高級だんすの代名詞のように言われている。桐は虫が付きにくく、湿度の調整をし、軽くて加工も容易であり、無垢材だからシックハウス症候群の心配もない。見た目も美しいので、私の好きな木の一つでもある。

写真Aは、収納家具の引き出しに桐を使った例だ。注文家具なので、引き出しの大きさや段数は自由に決められる。日本の三尺間の柱の内側に組み込んだ壁収納になっている。

引き出しの一つをいっぱいに引き出したのが写真Bである。三尺（九〇センチメートル）押入れの奥行きギリギリまで作られているので、相当量の収納が可能だ。一般にた

B　引き出しの内部も桐

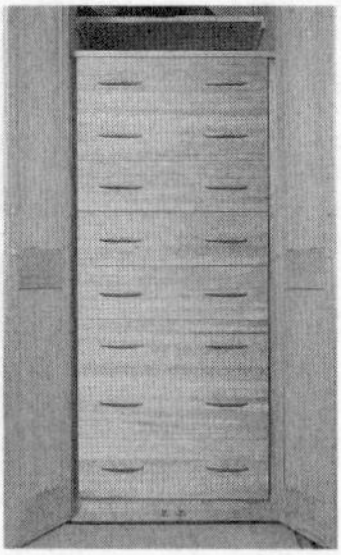

A　桐を使った
引き出し

C　総桐の開き戸で
引き出しを隠す

んすの奥行きは、和だんすで約一尺五寸（四五センチメートル）なので、室内に置くと、その分だけ部屋を狭くする。壁収納なら地震で倒れる心配もなく、畳も広く使える。

引き出しとそれを納める箱は、両方とも桐でできているため、引き出すときに桐と桐とが擦れることになるが、実にスムーズで、擦れる面がかえって滑らかになるのが不思議である。

この引き出しが直接見えないよう、全面に総桐の開き戸を付けた（写真C）。戸は六枚組みになっていて、右二枚分がこれまで説明してきた引き出しが入ったたんすの部分である。左四枚分が布団などを収納する押入れである。デザインの美しさ、統一感や調和を考えた。

しかし、いい無垢の建具はコストがかかる。造り付け家具は、どのメーカーでも基本的にオプションになるし、その中でも無垢の扉を使うとなると、どうしても高いものになってしまうだろう。

桐は、白くて実に美しい木だが、少し黒くなっている部分もある。自然の木なので、そこは容認したいものだ。無垢の木は、色を揃えたり木目を合わせるだけで、相当高いものになる。多少の色むらも当然ある。

たんすの引き出しの前に扉を付けるのは、それだけ余分であるともいえるので、建具を付けない方法もある。この桐の引き出しだけでも美しいし、扉がない分便利になり、コストも抑えられる。

10　キッチンの扉は木くずの板より無垢の木で

システムキッチンで価格の差が現れるのは扉の部分である。キャビネット（箱の部分）は、五〇万円のものも三〇〇万円のものも、材質的に大きな違いはない。当然、無垢の扉のものが最上級品となる。

無垢でない場合、扉になる板の芯の部分には、木くずと紙くずを接着剤で固めたパーティクルボードが使われる。表面の仕上げによりランクに差がつくが、基本的にはどのメーカーも芯はパーティクルボードだ。

一六八ページの写真Aは、一流メーカーのシステムキッチンの扉である。取り付け工事中に何かとぶつかって、角にキズができた。メラミン系の表面材の下に、紙くずか木くずのような芯が見える（写真B）。現在よく見られる作りであるが、お粗末な作りだと言わざるを得ない。

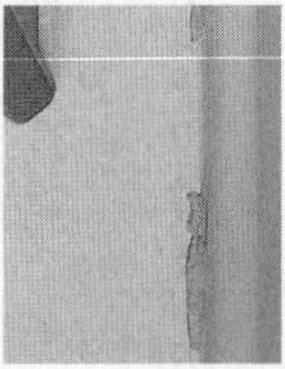

B　Aの扉に
ついた傷

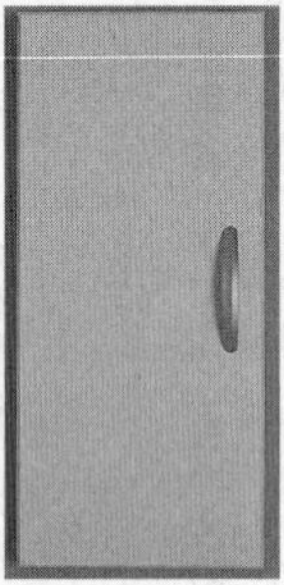

A　一流メーカーの
システムキッチン扉

E　和の趣のある無垢の扉

D　タモの扉の角を
拡大したもの

C　タモの扉

写真Cは、タモの無垢ドアである。タモは堅木で木目が美しく、高級注文住宅のドア枠、幅木などに使われているもので、木を知っている建築家の間ではよく設計に取り入れられている。

このタモの無垢材をキッチンの扉に使うと、システムキッチンとしての格調の高さを表現できる。さらに、ドア枠、窓枠、幅木など、室内の造作材と同じタモ材を使えば、デザイン的にも素晴らしい調和のとれた室内ができる。

写真Cの扉は、框材と真ん中の鏡板から成っている。その境に面取りのデザインがされている。写真Dでその様子が分かる。面取りとは、尖った角を面にするという意味で、そこに加えるデザインには、昔からそれを施す人の思いが込められている。面取りをどのようなデザインにするかによって美の表現が異なってくるし、価格にも差が出てくる。写真Dでは、枠材の切り口の木目で、本物の無垢の木であることが分かる。

なお、無垢の扉には、写真Eのように、枠やその中の鏡板が平坦で、面取りがあまりなく、素朴な和風の感じのものもある。

システムキッチンを注文する場合、デザインや色ばかりに惑わされず、扉などの素材に本物の木を使うことを考慮するとよい。作る側としては、良いものをいかにコストを抑えて作れるかが重要な課題だ。

11 システムキッチンは全て無垢材にこだわる

扉が無垢の木のシステムキッチンは高価だが、どこでも扱っている。一方、箱（キャビネット）が全て無垢の木で作られたものはほとんどない。

無垢で作る必要がないから、という言葉が返ってくるだろう。しかし、数百万円もするシステムキッチンの箱が、薄い合板や木くずを固めたパーティクルボードでできているのは、あまりにもお粗末である。「もっとしっかりしたものが欲しい」という思いが、「全て無垢の木で作る」というチャレンジに変わった。一〇年以上前からの夢であった。

無垢の木はどれも、一〇〇年以上の耐久性がある。木には調湿作用があるので、湿気の多い流し回りに適している。結露を防ぐので衛生的だ。水をはじくプラスチックを使うと、逆に結露し、カビが生えて臭くなる。一〇〇年持つキッチンは必要ないかもしれないが、合理的で良質のものを作ってもよいと思う。

写真Aは、キッチンの箱を無垢の木（ここでは青森ヒバ）で作っている。箱の側板、底板、裏板、全てに無垢材を使い、桐、タモなどを部所に応じて使い分けている。青森ヒバは香りが良く、虫を寄せ付けない。箱の底には、どんな汚れにも対応できるように

A　無垢の青森ヒバで作ったキッチンの箱

B　キッチンの引き出しも無垢で

C　桐の引き出しはお盆にもなる

D　無垢で作った吊り戸棚

ステンレスを張っている。

写真Bは、無垢の桐やヒバで作られたキッチンの引き出しである。スライドレールを取り付けており、大きな引き出しにもできる。底板も無垢の桐である。引き出しの前板は、タモやヒバの無垢の木である。

写真Cは、全て桐でできた引き出しで、取り出すとお盆にもなる。桐は軽く、乾燥していて、実に衛生的である。

写真Dは、全て無垢の木でできたキッチンの吊り戸棚である。外から見える側板、底板はタモの無垢材で、戸扉のタモに合わせている。

無垢の木ならではの格調の高さ、心地よい香り、持ったときの重み、手で触れたときの温かさ、たたいてみたときの充実感。これが本物だと、五感に訴えかけてくるものがある。一〇〇年以上持たせるために無垢を使うのではない。本物を知り、身近に置き、使うことにこそ、無垢素材へのこだわりがあるのだ。無垢が私たちに教えてくれることは多い。

12　階段板にこそ無垢の木を使う

階段板の材料に注目する人は少ないと思うが、毎日上り下りする階段の板は、安全性の面からも、丈夫で長持ちするものを使いたいものだ。そう考えると、やはり無垢の木を使うのが理想である。

一七四ページの写真Aは、突き板合板の階段板である。合板の表面に、ナラなどの薄い板（単板《たんぱん》ともいう）を張ってある。これは、住宅メーカーが一般的に使っているものである。この合板を見て、「丈夫で長持ちしそうだから、ぜひ我が家でも使いたい」と思う人はいないだろう。一五年ほど前、ある場所で建売住宅を見学したのだが、そこの階段板がこの突き板合板でできているのを見たときには、「安い建売住宅だから、まあこんなものだろう」と素直に納得したものだった。

写真Bは、集成材の階段板である。写真でも分かるように、小さな木片を縦横合わせて接着剤で固めたものである。無垢の木の性質を失わずに、接着剤のプラスチックの強度が加わるので、丈夫である。写真Aの合板よりは上級のものといえる。しかし、この集成材を好まないという人も多い。小さな木片を寄せ集めた姿が、いかにも安物、張り物という印象を与えるからであろう。それに、接着剤を多く使ってしっかり張り合わせているので、接着剤自体が気になる人にはおすすめできない。

写真Cは、無垢のタモの階段板である。見るからに本物の木という感じだ。切り口の

A　合板の階段板

B　集成材の階段板

C　無垢のタモの階段板

D　無垢のヒノキの階段板

年輪と、表面の木目との柄が通っていることから、本物の一枚板であることが分かる。タモの木は多く取れないので、これだけの量を使うのは、ぜいたくなことだといえよう。だからこそ、その値打ちの分かる方だけに使ってもらいたい。タモ材は、階段板として使っても一〇〇年以上軽く持つ。温かく、しっかりした質感、踏み心地もよく、本物だけが持つ重量感を味わえる。なお、無垢の青森ヒバやヒノキも、素晴らしい階段板になる。写真Dはヒノキを使った例である。

二〇年以上前から、私は階段板に無垢の木を使ってきた。建築のプロである設計士や建築会社に、「いい家を建てたい」という思いと正しい知識があれば、このような素晴らしい無垢の階段板と出合えるのである。

13　階段の蹴込板まで無垢材で

こんなところにまでこだわる必要があるのか、と思われるかもしれない。蹴込《けこみ》板とは、いったいどこの板なのか分からない人も多いと思う。

階段の部所と名称を、一七六ページのイラストで示す。図1のａが段板、ｂが蹴込板、ｃが側板（またはささら桁《げた》）という。蹴込板とは、足で蹴飛ばして当たる部分の板

図1　階段の各部の名称

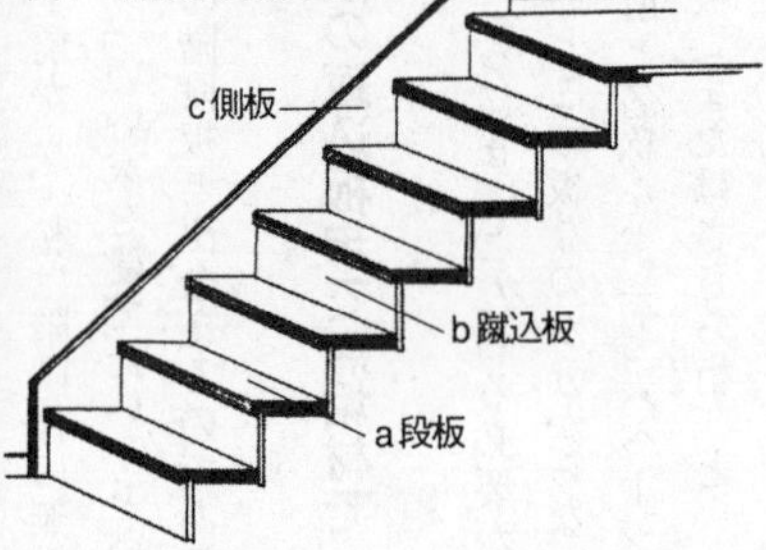

A　無垢のタモの階段

B　厚さ12mmのタモ無垢の蹴込板

C　チークの手すり

（b）である。一般的には、ここに合板を使うのがほとんどだろう。しかし、aの段板を無垢の木にすることにこだわったのに、正面から見える板が合板では、そこだけ安物の印象が強くなってしまう。理想的にはやはり、そこにも無垢の木を使うことだろう。写真Aは、階段に無垢のタモ材を使用した写真である。上下の木目の模様が違うので、一枚一枚が無垢の木であることが分かる。

写真Bは、約一二ミリの厚さがある蹴込板である。合板の蹴込板は、四〜五・五ミリがせいぜいだ。その差がよく分かるだろう。「いい家を造りたい、どこにも負けず、真似のできないものを」という私のこだわりで、このような蹴込板となった。

玄関ホールと階段は、家のデザインの中でも重要なポイントになる。ヨーロッパやアメリカの映画を見ると、広い玄関ホールと、アールの美しい階段があるが、来客のためだけではなく、家族にとっても満足と誇り、安らぎを与えてくれる空間になっている。

写真Cは、階段の手すりである。映画に出てくるようなアール階段とまではいかなくても、それなりの雰囲気を持ったものだ。このような、デザインされた階段を演出するのは、やはり本物の木がよいだろう。この手すりは、親柱も、小柱も、全てチークでできている。チークは高級家具に使われる高価な木であるが、集成材ではなく無垢である。

これは、少しでも本物を使いたい、できるだけ無垢で建てたいという、私の挑戦である。建材メーカーのカタログに載っている階段、手すりは、一見無垢のように見えても実際は集成材や合板で作られてある。格好だけではなく、中身も本物でありたい。家づくりは本来こういうものだという、私の主張である。

14　ヒノキと杉を見分ける目を養おう

家を建てるとき、杉やヒノキがどんな木か理解してから建てるのは、当然のことだと私は思う。しかし、同じ針葉樹であるヒノキと杉は木目が似ているため、素人目には区別がつきにくいだろう。家を建てるとき、それぞ

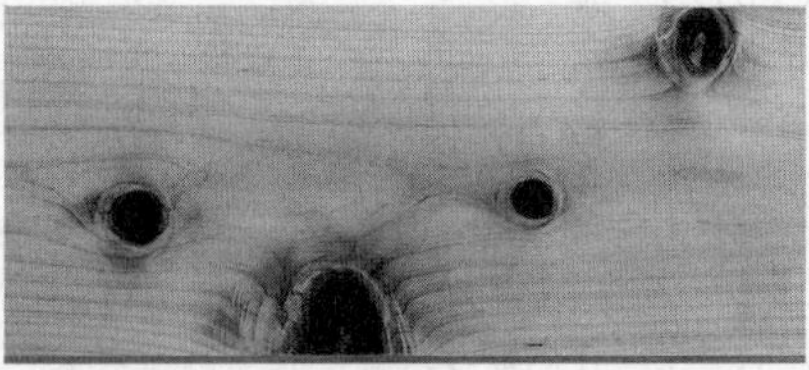

A　ヒノキ

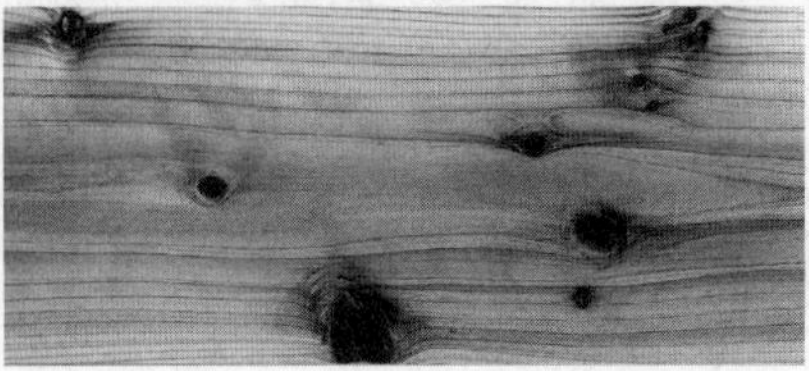

B　杉

れを見分ける目を養うと安心だし楽しいと思う。

写真Aがヒノキ、Bが杉である。モノクロ写真で分かりにくいが、その判断基準をいくつか挙げてみよう。

■節　写真Aのヒノキの節は赤味があり、艶がある。節の中に細い年輪が詰まっているのが見える。ヒノキの節は生き生きとした輝きがあるので、化粧材としても愛されている。一方、Bの杉の節は黒ずんでいて、ヒノキのような艶はない。

■木目・年輪　木目とは、年輪の模様である。ヒノキは杉ほどハッキリとした木目が出ない。杉は木目が美しく出るので、その姿を楽しむことが多い。ヒノキはどちらかというと木肌を鑑賞する。ヒノキの柾目は良質な木の代表的なもので、貴重なものである。

■木肌と艶　ヒノキ独特のきめ細かくピンク色をした艶のある木肌は、女性の肌を思わせ、実に美しいものである。杉の木肌は、ヒノキに比べると白く、艶が少ない。年輪の間の木は軟らかく、年数を経るに従って年輪の幅が狭まり、木目が浮き出してくる。ヒノキは木目の間が年を経ても縮まず、年輪が浮き出ず平らである。

■木の硬さと重さ　杉のほうが見るからに軟らかく軽い感じがし、杉の温かさと素朴さをかもし出している。爪をたてたり叩いたりすると、ヒノキのほうが硬い音がする。それだけヒノキのほうが重い。しかし、ヒノキも杉も軟らかい木に属することは知っていただきたい。この軟らかいヒノキが、法隆寺を一三〇〇年もの間支えているのだ。

■香り　樽酒の樽は杉でできている。その酒を注ぐのは、ヒノキのマスだ。ヒノキは、甘く優しく素晴らしい香りがする。一度はぜひ香りを体験してほしい。高級カステラの木箱は杉で、こちらもいい香りだ。

知ることは愛すること。愛する家のために、木や素材を知ってほしい。

15　無垢の木を使った頑丈な床の作り方

かなり高級な注文住宅でも、床板が少ししなって甘く感じる場合がしばしばある。住宅展示場に建つハウスメーカーの家にも同じことが言える。特に体重のある人が歩くと、床板がたわんで、「今一つしっかりしていないな」と感じたりする。もう少ししっかりとした床はできないものかと考える人も多いことだろう。

そこで、丈夫な床、それも徹底して頑丈な床の作り方を考えてみたい。家の中で重い物の代表といえば、なんといってもピアノと書棚である。大型のグランドピアノは七〇〇〜八〇〇キログラムもあり、本が詰まった書庫はそれ以上にもなる。この重量に充分に対応できる頑丈な床と、標準的な床を比較しながら検討してみよう。図1に示すよう

図1　一般的な床

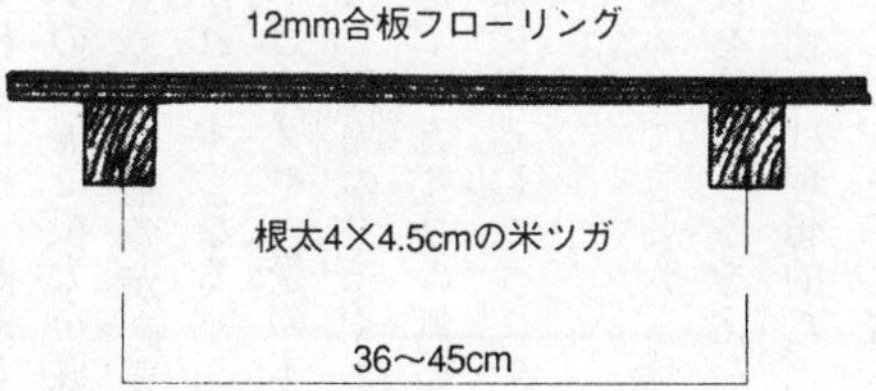

図2　頑丈な床

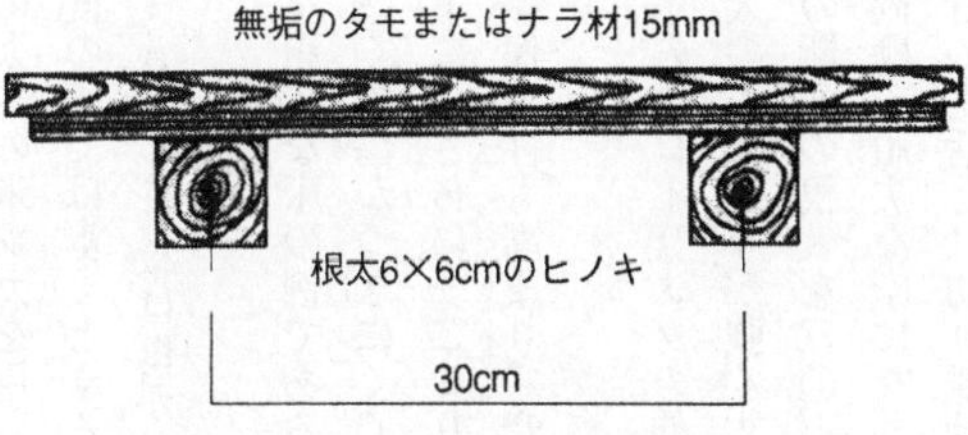

に、標準的な床では、一二ミリの合板に〇・二ミリのナラの薄板を張ったフローリング材を使っている。根太には、四センチ×四・五センチの太さの米ツガを用い、三六センチから四五センチの間隔で根太を渡している。この程度の床では歩くとゆるい感じがするし、ピアノを置くには補強が必要だ。表面の〇・二ミリの化粧板は傷が付きやすく、時間がたつとはがれやすくなる。

図2がグランドピアノや大量の本を載せても大丈夫な頑丈な床の例である。表面のフローリング材には、無垢のタモやナラを使っている。堅くて傷がつきにくく、はがれる心配もない。また、一五ミリの無垢のフローリングの下に、さらに一二ミリの下地板を張るという二重床の構造になっているので、頑丈な上に保温性も高まり、音も響きにくくなる。

下地板も無垢の木にできるが、床暖房などで無垢の木のフローリングの伸び縮みが心配なときは、合板を使わざるをえない場合がある。根太の木は粘りが強く丈夫なヒノキの芯持ち材などを使えば理想的だ。それも六センチ角の断面の根太を三〇センチ以内の間隔で入れてあるので、三〇〇キロもある重い金庫も置ける頑丈な床になっている。

そこまでする必要がないという人もいるが、床は毎日の生活とは切り離せない部分である。本物の無垢の木を使い、とことん頑丈さにこだわった床は、住んでいて楽しくなる。

第3章　丈夫な木の家を建てる知恵

1　布基礎とベタ基礎の違いを知っておこう

一八五ページの図1は布基礎である。図2がベタ基礎である。斜めの三本線が、コンクリートを示すための設計上の約束である。このコンクリートの部分を基礎という。布基礎は柱や壁の下に沿って作られる一般的な基礎、ベタ基礎は床下一面にコンクリートを打った基礎のことをいう。基礎の上に、横に敷いてある角材を土台という。基礎と土台の違いをハッキリ知っておかれると、専門的な感じになる。

一般的に、布基礎とベタ基礎と、どちらが丈夫かと問われれば、ベタ基礎と答える。建物の重みは、基礎の耐圧盤（フーチン）の底面積で受けるので、全体で受けたほうが、一平方メートル当たりの（単位面積当たりの）フーチンの負担が少なくなる。そういう意味ではベタ基礎が良い。また、地盤が少しゆるいとき、つまり地耐力が小さいときは、重さをベタ基礎で全体的に受ける方法が良い場合もある。しかし、地盤が相当ゆるい場合には、ベタ基礎にするとコンクリート全体が相当重くなるため、不等沈下が起こり、家が傾く危険性がある。いずれにしても地盤調査をして、ベタ基礎にするか、適切な杭を埋設するかを検討する。杭を柱や壁の位置に合わせて入れる場合、基礎は一般的に布基礎である。一方、杭の数が多く、建物全体で重みを受けるような場合は、ベタ基礎にすると良い。

地盤の堅いところは、布基礎でもベタ基礎でもどちらでも良いが、中には床下一面にコンクリートを打つことを嫌う方もいる。そういう方は布基礎を、コンクリートの強度を信じる方はベタ基礎を選べばよい。布基礎の場合、床下は土になり、土の中の空気や地熱の関係で冷え込まない。コンクリートは、冬の冷え込みがきつい。熱容量が大きいからである。

ベタ基礎で気をつけるのは、土間の水抜き孔である。工事中でも、コンクリート土間に、写真のように水が溜まることがある。やはり、ベタ基礎の土間のコンクリートに、水抜き孔を設ける必要があると思う。一方布基礎は、土間が土なので、この心配がない。このように、ベタ基礎なら何でも安心、という考え方は間違っている。地盤（地質）調査をし、専門家と相談して、布基礎、ベタ基礎、杭工事のいずれを選ぶかを決めるとよい。

図1　布基礎

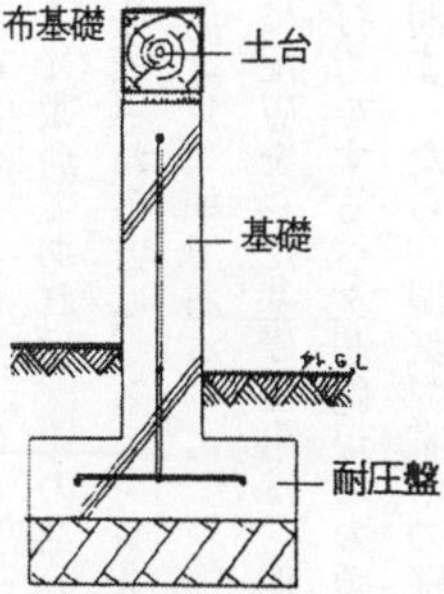

図2　ベタ基礎

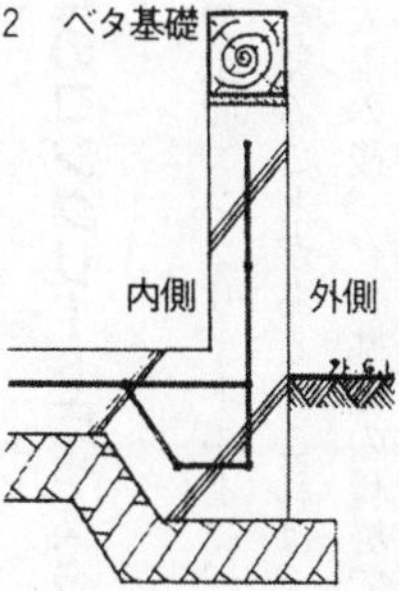

水が溜まった工事中のベタ基礎

2　基礎のコンクリート床やスラブの隅に排水孔を

ベタ基礎や土間コンクリートの上に、水がプールのように溜まっている、写真のような工事現場を見ることがある。これは、土間コンクリート盤に排水孔を設けていないことによる。大雨の後、ベタ基礎の現場で溜まった水をかき出したという話も聞く。家が完成したら、床下に水が入らないから、水抜きなど要らないという考えである。しかし、給水、排水管の水漏れ事故などが絶対にないとは言えない。図1のように水抜きの孔を設けることが必要である。

土間排水孔の設置の方法は、①各室ごとに一カ所、②直径一五〇ミリ以上の孔、③防水シートが下に敷いてあれば、その部分はシートを取り除いておく、④孔からモグラなどが入ると心配される方は、ステンレスの網を取り付ける、等である。写真Bはモグラ侵入防止ステンレス網である。

このように配慮をした基礎工事は、他ではほとんど見かけない。特に、建物全体にコンクリート打ちをするベタ基礎がこの頃多い。水抜き孔がなく、何かのことで床下に水がたっぷり溜まったら、湿気で家中の壁などがカビだらけになる。

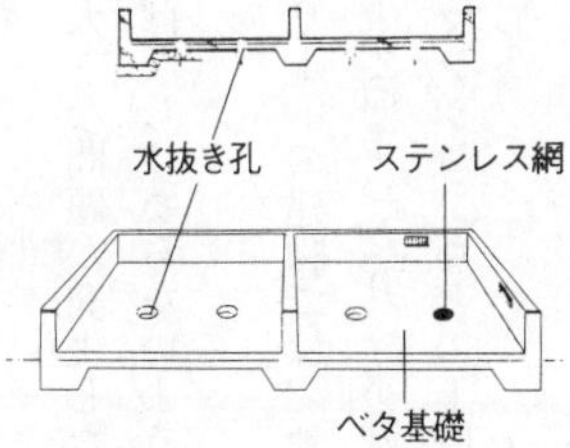

図1　ベタ基礎の水抜き孔

A　水が溜まったコンクリートの土間

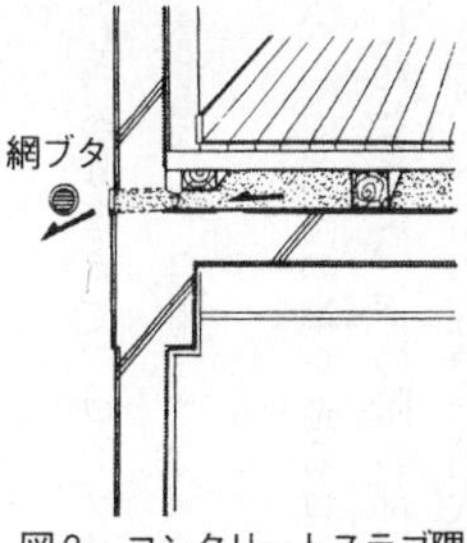

図2　コンクリートスラブ隅の排水孔

B　モグラ侵入防止のステンレス網

こういった大きな問題が発生したときのことをしっかり考えて、コンクリート土間に水が溜まりっぱなしにならないように水抜き孔の設計をし、工事しておくことが大切である。

鉄筋コンクリートの建物では、地下室の上部や、一、二階の境を造るコンクリート盤（スラブ）に水が溜まったり、水漏れ事故が発生したときに、下の階の部屋に水が浸入してしまう。マンションなどの上階が火事になった時、下階の部屋は消火の際に水浸しになってしまう。

そこで、このような水の浸入被害を少なくする方法の一つとして、図2のように、スラブと外壁の立ち上がりとのコーナーのところに丸い穴を開けておくのである。これによって、水は建物の外へ流れ出る仕組みになる。さらに電気配線は、コンクリートスラブを上から下に通さないように設計することも大切である。上階の水漏れ事故があっても、下階の天井の照明器具を伝って水が落ちてこないようにするためである。

3　基礎と土台はしっかり施工する

前にも述べたように、一般の方は基礎と土台の違いをあまりご存じないようである。

我が家は基礎がしっかりしているとか、良い土台を使っているとか言う。どの部分が基礎でどの部分が土台なのかもう一度述べる。

一九〇ページの図の、土の中に一部埋め込まれて地上に立ち上がっているコンクリートの部分が基礎である。前にも述べたが、設計図では三本の斜線で示す。その下の部分は割《わり》ぐり地業《じぎょう》といい、約一二センチぐらいの厚みで石を敷き並べ、しっかり打ち固めてある。これも基礎の一部である。一方、土台とは、基礎の上に渡された木材のことで、この土台の上に柱を立てていく。

基礎の上に土台を敷くのは、木造在来工法ばかりでなく、ツーバイフォー工法や木質系プレハブ住宅でも同じである。家の垂直、水平を厳密にするには、まず基礎を水平にし、土台を水平にすることから始まる。ところが写真Aのように基礎の上端が凸凹だと、その上に載る土台は、正確に水平にならない。コンクリートは砂、砂利、セメントの混合物で、特に砂利を使うので凸凹になりがちである。コンクリートを打っただけで、上に土台を敷くと、基礎と土台の間に隙間のできる不正確な工事となる。そこで、基礎の上部（天端《てんば》という）を水平にするために、モルタルでならす。写真Bは、基礎の上端近くに水平にした木枠の定規を取り付け、モルタルを塗っているところである。こうすれば基礎も土台も水平になる。

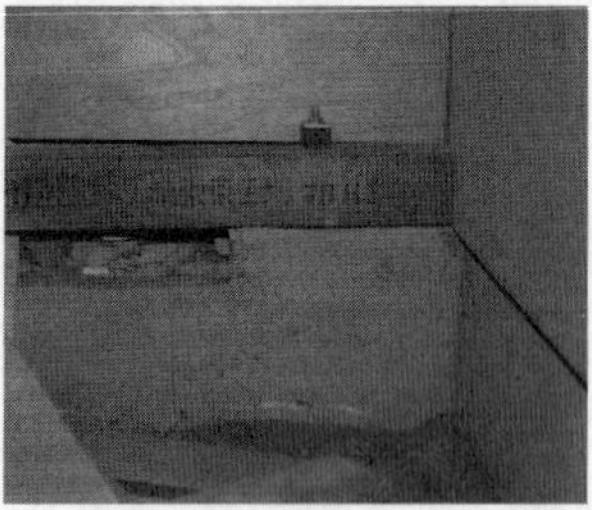

A　基礎の上が凸凹になっている例

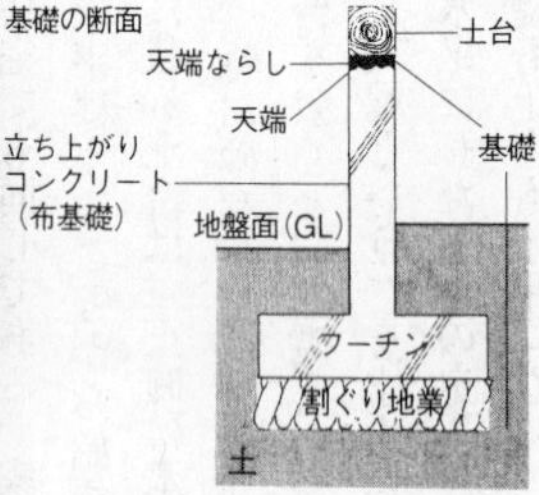

C　基礎と土台が一直線になった状態

B　天端ならし

写真Cは、基礎の上端が水平に一直線になった状態である。このような施工は、特に優れているわけではなく、基本的な姿勢といえる。基礎や土台は、家が建ってしまうと隠れて分からなくなるので、一般の方には判断しにくい。

基礎と土台を密着させると、土台の乾燥が悪くなる。そこで、一般的にはその間に樹脂などのパッキングを入れるようになってきた。私は、このパッキングに御影石を使っている。いずれにしても、基礎の上部、天端を平らにし、次に水平にすることが大事である。

住まいは一生に何度も建てるものでもなく、また大きな費用をかけるのだから、この辺の基本的な技術にも気を配りたい。

4　「ねこ土台」で土台をよく乾燥させる

基礎と土台にはさむ部材を、ねこ土台という。基礎パッキング材ともいうが、ここでは「ねこ土台」と呼ぶことにする。「ねこ」は猫ではなく、根子と書く。

一九三ページの図1でコンクリートの部分を基礎、材木の部分を土台という。この土台が腐りやすく、また白アリにやられるところである。ちなみに住宅金融公庫（現住宅金融支援機構）住宅の仕様では、防腐剤処理を施した土台を使うよう指定されている。ただし、ヒノキや青森ヒバを使えばその必要はないことになっている。

土台は湿気が多いと腐敗が進み、白アリに食べられやすくなるため、通気をよくし、常に乾燥した状態に保つのが理想だ。しかし今日の建築の多くは図1のように基礎の上に、じかに土台を敷くので、コンクリートを通して上がってくる土からの湿気が土台の中に残ることになる。そこで図2のように基礎と土台の間にルーフィングやビニールシートを敷いて、基礎の湿気を伝わりにくくする方法もある。ただし、施工例はあまりない。

それでも土台が基礎と接触しているので、完全とはいえない。そこで、より上級の仕事としては、図3のように土台と基礎とが接する面積を少なくして、浮かせたようにする工法がある。こうすると床下の通気もでき、土台も乾燥し、白アリや腐敗に対しても大きな効力を発揮する。家の耐久性は大幅に向上する。家の寿命を延ばすためにはお勧めしたい工法である。

ねこ土台は、図3の矢印のところにパッキングとしてはさみ込む部材である。ねこ土台の材料として、ヒバや栗の木やプラスチック樹脂等があるが、画期的なものとしては御影石がある。

図1

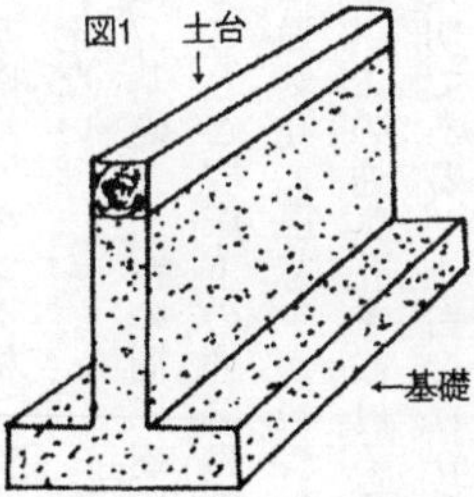
土台
基礎

図2

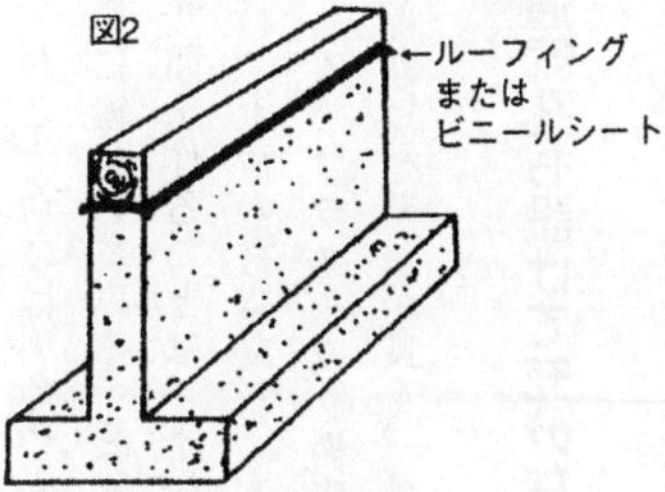
ルーフィング
または
ビニールシート

図3

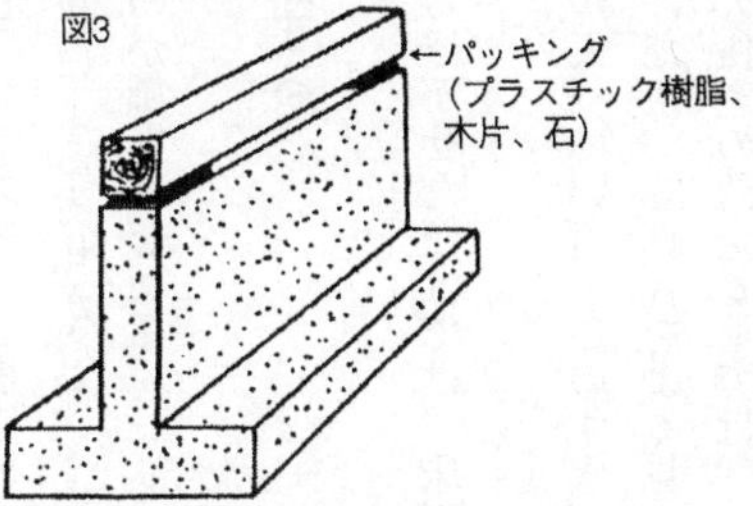
パッキング
(プラスチック樹脂、
木片、石)

このように、ねこ土台にはいくつか種類があるが、どれが適し、どれが問題を抱えているかを、簡単に検討してみる。まず、コンクリートの基礎と木の土台との間に、ねこ土台を入れて空間を作ることは、土台をより乾燥させることができるので優れた工法といえる。次にねこ土台の材質だが、木の土台に対し、プラスチック樹脂のものを使うことには抵抗がある。プラスチック樹脂は、経年変化による劣化が心配である。やはり、ねこ土台には青森ヒバや栗が良く、最も優れたものが御影石である。

5　床下通気孔も設けて充分な通風を確保する

ねこ土台（基礎パッキング材）で土台を基礎から浮かせただけでは、床下の通気乾燥が充分とはいえない。

写真Aでは、基礎と土台の間に樹脂パッキングが入っている。このすき間が木の土台を乾燥させることと、床下の通気の働きをするわけだが、写真Aをよく見ると、基礎コンクリートに通気孔（風窓）が一つもない。高耐久住宅の認定基準では、一定のメートル以内ごとに、この通気孔を設けることになっているくらい、床下の通気は、家の耐久性にとって大切である。土台を浮かせたすき間だけで充分なのか、不安を感じる。

B　水切りを付けた例

A　樹脂パッキングを入れた例

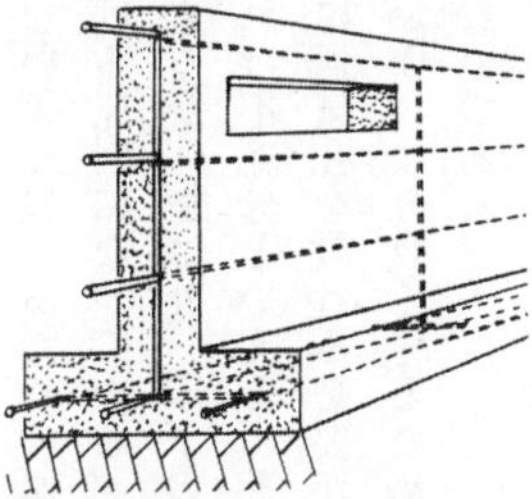

図1　基礎を弱めない風窓

C　基礎に通気孔を付けた例

そして、一般には、すき間から雨水が吹き込まないようにするための水切りを付ける（写真B）。これも少なからず、床下の風通しを妨げる原因になっている。

水切りの位置の工夫によって、多少の改善はできるが、やはり、床下の良好な通気を考えると、基礎の中間に従来の通気孔を設けなければ不充分といえる。そこで写真Cのように、土台と基礎のすき間のほかに、基礎中間に通気孔を設ける必要があると思う。

そこまで必要ないという意見もあるかもしれないが、より良くするために工夫することは建築に携わる者には大切であり、また楽しいものである。

梅雨のない北海道を除いて、日本は湿気の多い国といえる。しかも、地球温暖化により、高温多湿の亜熱帯に入りつつある所もある。このような気候環境では、家の健康的な乾燥のために、床下の風の通りを確保することが大切である。そのために、基礎コンクリートの中間に通気孔を設けるのである。ところが、「通気孔は不要」というのが、住宅メーカーの一般的見方なのである。その理由として、「通気孔のために基礎の鉄筋を切ると弱くなる」という。一般的に、上端筋《うわばきん》という上部の鉄筋を切って通気孔を作るが、これでは確かに基礎を弱める。そこで、図1のように、上端筋と横筋の間に風窓を付けた。これなら上端筋を切らず、さらに丈夫な基礎を維持できる。

床下の通気も充分とれ、家の健康にも良いことになる。

6　ねこ土台は樹脂より自然素材の方がいい

コンクリートの基礎と木材の土台との間にパッキングをはさんで、土台を浮かせる工法を「ねこ土台工法」という。床下の通気を確保して、土台を常に乾燥させておくことができる。また、前にも述べたように、基礎に通気孔を付けても、基礎の上端筋を切らずに済み、基礎を弱めない。

ねこ土台は湿気、白アリ、腐敗などに効果的な働きをしてくれる。本来のねこ土台には、栗の木、ヒノキなどが使われる。近年、一九八ページ写真Aのような樹脂製のパッキングが、大手住宅メーカーや建売住宅で多用されるようになっている。

では、この樹脂のねこ土台に全く心配はないのだろうか。樹脂の耐久性がどのくらいなのか、そして、自然の厳しい条件下でも変わりないのか、また、樹脂のねこ土台が、土台や柱、屋根、家の中で暮らす人や荷物の重みにどれほど耐えうるのかが問題である。写真で見ても分かるように、樹脂のねこ土台はかなりの部分が空洞になっている。どんなアンカーボルト（基礎と土台を固定するボルト）の位置にも合わせられる形にしているためである。樹脂の表面積が少ないので、樹脂がつぶされていく懸念がある。負

A　樹脂のねこ土台

B　土台を組み上げたところ

C　栗のねこ土台

荷の大きいところは、当然大きくへこむ。写真Bは土台を組み上げたところだが、いくらか押しつぶされているように見える。土台とパッキングの幅が異なっているのも、樹脂パッキングがへこんだ原因と思われる。正しく施工し、土台とこのパッキングの幅や大きさが合っていれば、このようなことはないと思う。手で持った感じでは、相当堅くてしっかりした感じである。しかし、現実にはへこむことがある。

古くから、農家などで何代かにわたって使おうとする家は、写真Cのような栗のねこ土台を使っていたが、手間と費用がかかったため、一般の住宅に採用されることはあまり多くなかった。その点、樹脂のパッキングは、大量生産が容易で廉価な上、施工も簡単なため、普及してきている。

しかし私は、家には少しでも多く自然素材を使うという理想から、地球環境に負担をかけるプラスチック系のものは推奨しない。近頃は栗のねこ土台を使う方が増えてきているようである。

7　ねこ土台には半永久の御影石を使う

土台と基礎とを直接付けずに、間にパッキング材を入れてすき間を作る工法は、これまで述べてきたように、土台を常に乾燥させ、さらに床下の通気にも役立つ、優れたものといえる。そのパッキング材に使われているものの一つがプラスチック樹脂で、多くの住宅メーカーで採用されている。このパッキング材が建築用語でいうねこ土台であること、そして、この樹脂のねこ土台のよい所、問題点も述べてきた。

そこで、ねこ土台には本質的に何が良いかを追求していくと、御影石にたどり着く。御影石は非常に固く、ほとんど水を通さない。神社仏閣の柱の基礎に使われているものである。栗やヒノキのねこ土台も良いが、究極のねこ土台(ねこ石とも呼べる)は、やはり御影石といえる。

写真Aは、本物の御影石のねこ土台「ねこ石」である。花崗岩から成る御影石は、数億年の歴史を経ているから、住宅建材としての耐用年数は永久と言っても過言ではない。透水率が非常に小さく、基礎コンクリートから昇ってくる湿気を止めてくれる。石灰岩でできている大理石と違い、酸に強く、硬度も大きい。ねこ石としては理想的である。

問題は、手間と費用をかなり要する点である。御影石自体の価格も高い。そして、基礎の九〇〜一八〇センチ以内ごとに一個使い、柱の下にも入れるということで、数がそれなりに多くなる。さらに、土台と基礎の間の隙間から、ネズミなど小動物が侵入しな

A　御影石のねこ土台

C　青森ヒバの土台と御影石のねこ土台

B　木造3階建て

いように、ステンレスの網や穴開きプラスチックでふさぐ処置を施す必要も出てくる。

ここで、硬い御影石と、青森ヒバのような木の土台では、石が木にくい込むのではないかと懸念する人がいるかもしれない。写真Bは、建築中の木造三階建て住宅で、土台に青森ヒバと御影石を使っている。写真Cはそのねこ石である。全く木がへこんでいない。青森ヒバは軟らかい木に属し、土台として横使いしているにもかかわらず、このように何ということはないのだ。前述の樹脂パッキングは合板パネルだけの重みでつぶれていることもある。木は丈夫だ。現実を観察する必要がある。御影石は究極のねこ土台である。

8　基礎の通気孔にステンレスの網を付ける

写真は、基礎の通気孔に付ける、細かい網の付いたステンレスのパネルである。独自に網の大きさを決めて、この通気パネルを作った。ステンレスの網の目の大きさには、いくつか種類がある。

写真のものより少し大きめのステンレスの網で作ったオリジナル通気パネルもある。羽アリやゴキブリなどが入らず、さらに丈夫で風通しのよいパネルである。よりよいものを追求し、独自に作製したものだ。こだわったらどこまでも改良、工夫していくというのは楽しいものである。

ステンレス網を使う前は、穴開きパンチのパネルを、既製のステンレス通気孔に付けていた。しかし、これだと穴の面積が少なく、風の通りがよくない。何とか質の高いものはできないかと模索していて、このステンレスの網と出合った。

一見簡単なことのようだが、私にとっては長年の夢の実現であった。床下の通気とステンレスの網にこだわりたい。

9　基礎と土台のすき間にステンレスの網を張る

二〇四ページの写真は基礎と土台のすき間

通気孔に付けたステンレスの通気パネル

にステンレスの網を取り付けたものである。基礎パッキング（御影石）を基礎と土台の間に差し込んで、二〜三センチの空間を設ける。こうすると、いつまでも腐らない、乾燥した土台になる。

青森ヒバの土台と御影石のねこ土台を使用し、一〇〇年、二〇〇年の耐久性を持つ家づくりを実感できた。しかし、このすき間から小動物が床下に侵入することが考えられる。そこで、このすき間にステンレスの網を取り付けた。風がよく通るように少し太く粗い網を用い、しっかりしたものになった。当初、サッシ用のステンレス網を土台のほうに使おうとしたが、ゴミが付いて目詰まりしたので取り替えた。

プラスチックのパンチングもあるが、開口率は、ステンレス網よりよくない。ネズミにかじられたら弱いし、基礎の部分にプラスチックを使う発想は好

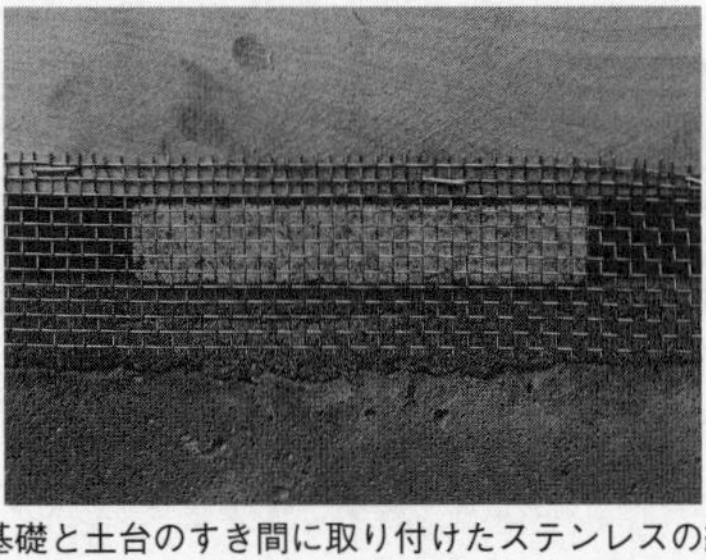

基礎と土台のすき間に取り付けたステンレスの網

きではない。だから、錆びず、腐らず、かじられない、半永久的で風通しのよい太めのステンレスの網を使っている。

10　火打ち材を効果的に入れて頑丈な家を

「火打ち」というのは、一般の方にはなじみの薄い言葉だと思う。二〇六ページ写真Aは、「火打ち土台」である。土台と土台のコーナーに、斜めに取り付けてある部材をこのようにいう。

写真Bのように、梁や桁の結合部分を補強してある斜めの角材が、「火打ち梁」である。

これらは構造的に重要なもので、地震や強風に対して効果を発揮してくれる。地震が起きた場合、力は家の角の接合部に集中し、そのコーナーから破壊されていく。水平面方向に回転の力が働いて、四角形を菱形に変えようとする歪みの力が生ずる。

写真Cは、火打ち土台が入っていない現場である。テレビでよく宣伝している建売会社の現場であるが、手抜き工事だと言わざるを得ない。根太がすでに土台の上に取り付けてあるので、この後火打ち土台は入らない。

A　火打ち土台

B　火打ち梁

C　火打ち土台がない例

D　材木のかわりに、鉄骨を使っている例

火打ち土台の施工方法は、土台に五分（約一五ミリ）のかき込み（切り込み）を入れる。写真Aがそのようにしたものである。

写真Dのように、細い鉄骨のアングル（断面がL形になっている部材）を取り付けているところもあるが、あまりに細いので頼りなく、効果の薄い火打ちといえる。鉄骨のアングルの中には、公庫住宅で認められた、もっと太くてしっかりしたものもある。

写真Bの火打ち梁は、木の角材を組んである。土台と同じく、桁などにかき込みを入れて、ボルト締めをしてある。木は突っ張りの力、すなわち圧縮力に対して非常に強い。一方、鉄は引っ張りの力に強いが、圧縮には弱い。特にL形のアングルは、圧縮に対して腰折れ（座屈）を起こす。このような理由からも、火打ち梁には角材が最適なのである。

近頃、火打ちのない建物を見る。合板で床、壁、屋根を張るツーバイフォー等の住宅がその代表格だ。合板は強いというが、本当にそうだろうか。当社で江戸川沿いに三階建て住宅を建てられた施主のお子さんが、隣のツーバイフォー住宅に遊びに行くと、風で家が揺れて怖かったと話したそうだ。自分の家は揺れないのに……。

11　なぜ土台に青森ヒバが優れているのか

家の丈夫さ、耐久性を考えると、基礎は肝心要である。それと同じくらい重要なポイントは土台である。前にも土台について述べているが、大切なことなのでもう一度取り上げたい。

土台にヒノキを使うといえば、ヒノキ造りのいい家という印象を受ける。しかし、家を建てる時の適材適所という意味で考えると、ヒノキが土台に適しているとは必ずしも言えないのである。ヒノキの芯にある赤身の所は白アリや腐りに強いが、外周の白い部分は、白アリや腐りに対してそれほど強くない。

そこでぜひ、土台に使いたいのが青森ヒバである。青森ヒバは、白アリに非常に強く、白アリを寄せ付けない効果がある。この青森ヒバから取れたヒバ油は、防虫剤として土台に塗られているほどだ。リンゴの木の病気にも薬として使われている。さらにより所は、人に対する毒性がないばかりか、アトピーの薬の材料になるほど人にやさしいことである。青森ヒバの切り粉の中に白アリを入れると死んでしまうが、人の肌にすり込んだり、お風呂の湯に入れたりすると、肌がすべすべになる。土台にする木なら節があってもよいし、木に少し割れ目が入っても全く問題はないので、見栄えのする木を使う必要もない。それでも青森ヒバは、ヒノキの土台の倍の値がつく。ヒノキの土台は芯持ちを使用するが、青森ヒバは図のように芯持ち材ではなく、太木の廻り割材を使うことが多い。青森ヒバは、白い部分は使わないので、白アリや腐りに強い所だけ出回っているのである。青森ヒバの芯持ち材はくせが強いので、芯のないもののほうがよい。

この青森ヒバが関東地方で普及していなかったのは、津軽半島から運び込む運搬ルートが確立しておらず、コストが高くついたからである。東京では、よほど余裕のある家でないと青森ヒバは使えない、といわれていた。

なお、昔からいい家を建てるときに使われ

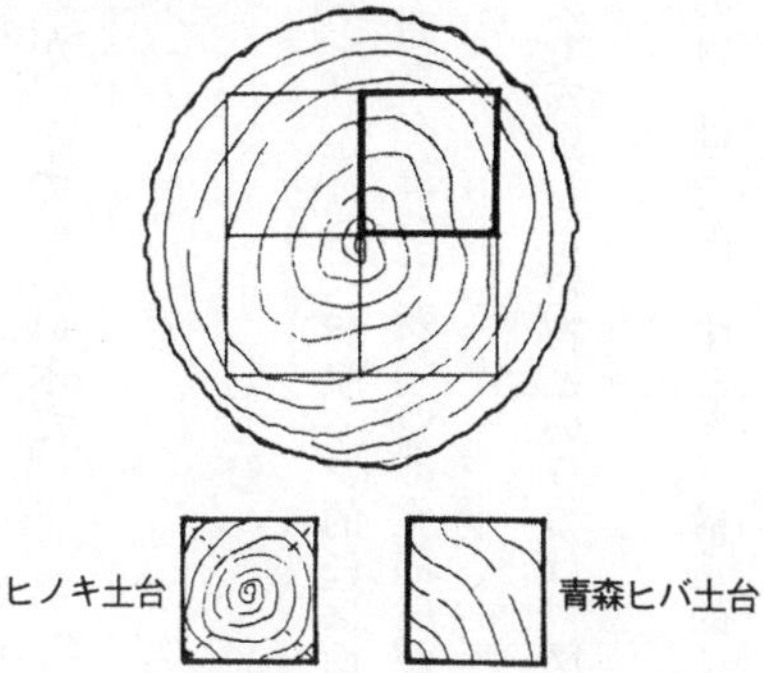

ていたのが栗の土台であるが、今は農家などのこだわった家にしか利用されていない。米ツガや集成材の土台などは、本当にいい家を建てようとしている人には好ましくない。

私は二〇年間、青森ヒバの土台を使ってきているが、とてもいい木だ。

12 コーナーの出窓は家を弱くする

東南の角や、西南のコーナーを出窓にしている家を見かける。デザイン的には面白いし、光を取り入れるのにも有効である。明るい雰囲気を持った変化のある部屋ができる。設計士や建築家が好んで取り入れる方法だ。

しかし、構造の点からは注意が必要である。丈夫で安定した建物というのは、図面上の設計計画と関係する。

図1のように、建物の隅に、建物を支えるための耐力壁を配置すると、構造的に安定して丈夫になる。耐力壁を家の隅にしっかり配置した家は、見るからに丈夫そうである。

図2は、耐力壁を建物の中程に配置した例である。コーナーに窓や出窓を設けてお

り、デザインを中心に考えられた家だといえる。

原理的に考えて、家の中心から遠いコーナーにかかる力を、中心に近い壁で押さえようと思うと、そのための力は余計に必要になる。例えば、車のハンドルなどが回るのを、その中心付近で止めようとしても、なかなか止まらないものである。ごく簡単な原理である。

だから、建物の中心から距離の遠いところには、しっかりした耐力壁が望まれる。

一般的に、構造計画上の家の強さを知る方法の一つに、建物の図面を見て、東西方向と南北方向の壁量を加算して計算する方法がある。コーナーに壁がなくても、それに代わる耐力壁があれば、計算上は成り立つことにな

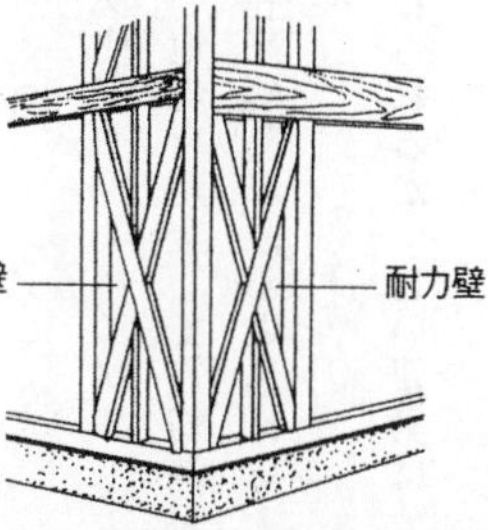

図1　耐力壁を四隅に配置した例

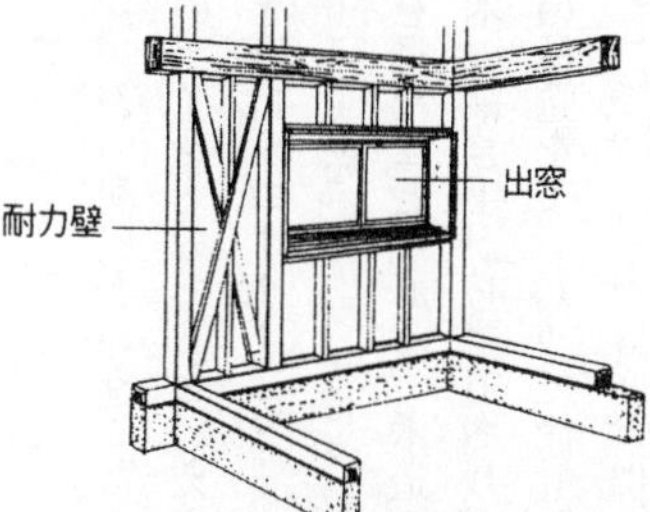

図2　耐力壁を建物の中程に配置した例

る。しかし、実際には弱い家になる。耐力壁のバランスよい配置ということも考え合わせると、コーナーに壁があることは、地震に強い家のポイントであるといえよう。

それでも、どうしてもコーナーに出窓を設けたいときは、コーナー二メートル以内のものにし、その横は約二メートルの耐力壁にすることである。筋交いはクロスにする。建物の隅二カ所を四メートルの窓にした木造の設計を見たことがある。木造の横に使う部材は四メートルが基準で、四メートル以内ごとに木の継ぎ手が必要であり、その継ぎ手が弱い部分でもある。開放感はあるが、木造建築の構造をよく知って設計したいものである。

13 木造在来工法こそ優れた建築工法

住まいの建築を計画している方の中には、プレハブ住宅やツーバイフォー工法でと決めている方、鉄骨建築でと思っている方、あるいは、地震を想定して鉄筋コンクリート造に絶対の信頼を置いている方、そしてやはり木造在来建築に限ると考える方など、多種の建築工法に対するさまざまの考えがある。

「いったいどれが一番良いのですか」としばしば尋ねられるが、良い建築はその人のとらえ方や価値観によって異なる。丈夫さ、住み心地、工期の速さ、価格、デザインなど、どこにポイントを置くかにもよる。そこでとりあえず、木造在来工法と他の建築工法との比較をしてみよう。

木造在来工法の住宅は、ご存じのように、増築や改造が簡単で、居住者の増減に対応できる。プレハブ住宅やツーバイフォー工法はこの点に弱く、増築しようと思っても断られたり、予想以上にコストがかかったりする。同様に鉄骨建築も増築に向いていないし、鉄筋コンクリート造は、一体構造として建てられているのでこれも難しい。

木が建築材として使えるようになるには、植えてから五〇年以上かかる。それを、約二〇年で家を取り壊すようでは、植林と建築のサイクルが逆になり、自然破壊にもつながる。日本の商社が東南アジアで、合板を作るために原生林のラワンを乱伐して砂漠化の原因を作っていると報道されている。ラワンとは本来、タガログ語で「豊かな森」という意味である。

住まいの建築は、伐ったら植林するという自然循環の中で進められるべきであると考える。家族が増えたことに対応して増築できなければ一〇年か二〇年で建て替えることになる。少なくとも五〇年以上持つように建てなければならないし、一〇〇年は耐えられる家を建てるのが知恵ではないだろうか。

人の生活の変化に合わせて増築、改造のできる木造在来工法こそ、人の住まいとして、優れた建築といえる。特に、日本は緑豊かな森林の国である。住宅建築に適している杉、ヒノキ、松などが豊富にある。これらの木を使っていくことが、私たちの知恵と自然への思いやりである。

14　丈夫な建築とはなにか

丈夫な建築というと、地震が来てもびくともしない強固な建築を想像されることだろう。昭和二五年に、欧米の建築技術をもとに、今の建築基準法が制定されたときも、その基本となる考え方は、鉄筋コンクリート造や鉄骨造のような強固な建築であった。ことに鉄筋コンクリート造の建築は、見るからにガッシリとしていて、丈夫で長持ちの代表のように考えられていた。

しかし時代が進むにつれ、鉄筋コンクリート造で頑丈に造ることだけが、丈夫な建築とはいえないことが分かってきた。とくに日本のように地震の多い国では、鉄筋コンクリート造のような、重量が大きく強固な建物は、高層建築になるとかえって倒壊する恐れもあることが計測されたのである。後の超高層ビルは、日本の「五重塔」に見られる柔構造の考え方がヒントになっている。

鉄筋コンクリート造のように剛構造といわれる建築でも、力を受け流す柔構造的な考えが必要なのである。例えば、鉄筋コンクリート造で、柱を短くして、その柱にしっかり壁面を接続すると、逆に地震の力をまともに受けて崩壊しやすくなる。地震の力に、ただ単純に負けまいとするような建築をすると、かえってもろくなるのである。

丈夫さといっても、かたくなな強さ（剛構造）と、それから力を受け流しながら常に元に戻るしなやかな丈夫さ（柔構造）とがあり、どちらも大切で、また弱点もそれぞれ持ち合わせている。実際の建築は、お互いの性質を組み合わせてなされている。ツーバイフォー住宅は在来工法より地震に強いといって、トラックで引き倒す実験をして見せているが、建築でいう丈夫さをそのまま証明したことにはならない。

もう一つ大切なことがある。長持ちすることも丈夫さの要素である。木と鉄とコンクリートの中で、最も強度、形が変わらないのが、実は木なのである。鉄は酸化して錆びる。コンクリートも、初めはアルカリ性だが、酸化するにつれて中の鉄骨が錆び、膨張し、自ら破壊していくので、耐久性は五〇年から一〇〇年である。一方、木は数百年と持つのである。

15 しなやかに地震に耐える木造軸組工法の家

一三〇〇年前に建てられた法隆寺の五重塔は木造の高層建築といえるが、歴史に残る大地震や記録的な台風にも倒れなかった。その秘密が柔構造にある。

日本の在来工法は、地震などの力をしなやかに受け流して耐える柔構造の考えでできている。塔を外から眺めると分かるが、各層を支える壁の木組みには遊びが作ってあり自由に動くようになっていて、ここが地震や台風の時の揺れやしなりを吸収するクッションの役目をしている。塔がしなっても直接、壁に力がかからず、塔全体の重量は、中心に通っている太い柱（心柱）が支えている。土台、桁（梁）、及び軸となる柱で立方体を作る、この建築方法を木造軸組工法と呼んでいる。

一方、木質系プレハブ住宅やツーバイフォー住宅のように、建物を支える耐力壁としてベニヤ板（構造用合板）を利用するものを壁式構造といい、この工法は地震などの力を受け止めて動かないようにしてしまおうという考えに立っている。

木造建築は、中国の殷の時代にさかのぼり、わが国でも千数百年の歴史を持つ。気候風土を踏まえ、木の性質を良く理解して活用する工法を編み出した日本人の知恵と工夫が集積されて木造建築は大きく発展した。建物も長く持ち、さらに柔構造という方法で地震や台風にも強い建築が育ったのである。

日本の超高層建築の先駆者で、霞が関ビルを設計した武藤清氏が、鉄筋コンクリートのような剛構造では不可能といわれた超高層ビルを五重塔の柔構造をヒントに可能にした話は有名だ。しなやかな丈夫さというものが建築の強さにとってどんなに大切かを物語っている。

木は、乾燥状態だと数百年持つ。しかし、雨ざらしにしたり、湿気を多く含んだ状態にすると、白アリに食べられたり、腐ったりする。これは、ツーバイフォー住宅でも同じことである。だから、床下の通気や、家の構造体の通気は、建物自身の健康のためにも重要

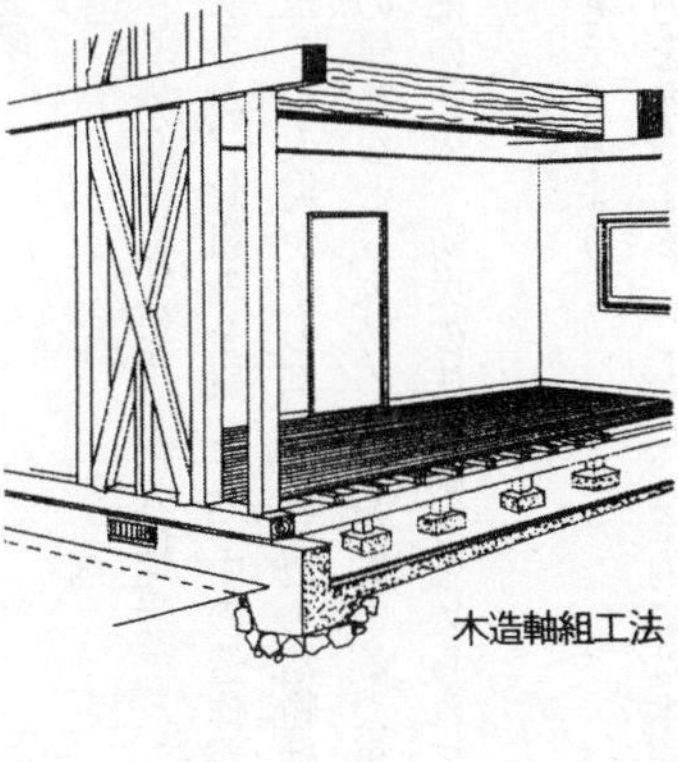
木造軸組工法

かが分かる。

である。それと同時に、日本の気候風土に合った良質の木材を使うことが、いかに大切

16 デメリットも多い鉄筋コンクリートの家

鉄筋コンクリート造は、まず火災に強いということが頭に浮かぶ。耐火構造といい、火事になっても崩壊しないで耐えるという意味であるが、骨組みを残して、中の造作がすっかり燃えてしまうことがある。先年の赤坂のホテル火災がその例だ。ただし建物は崩れないので、マンション、オフィスビル、公共の建物など、大勢の人々が集まる大規模建築には適した工法だ。そういう場所では、内部の防火、防災の法規制が強められている。

さて、この鉄筋コンクリートの住宅への利用を考えてみよう。

火事のときには、外部からの延焼に対しては威力を発揮する。しかし、室内には木やプラスチックなど可燃物が多いので、やはり内部は燃えてしまう。それでも構造体が残るのが、コンクリート住宅である。

耐震性については、低層住宅は頑丈ではあるが、高層住宅では、建物自体が非常に重

く、地震のとき倒壊することがある。

生活環境の面を検討すると、第一に湿気が多いことが問題となる。壁の中のコンクリートが乾くのに数年かかるといわれ、その間湿気を放出し続けている。また、コンクリートは、木の約一〇倍も熱伝導率が高いので、熱をどんどん逃がしている。冬に冷え込むのはこのせいであり、壁面の温度が下がるので結露して内装壁を腐らせもする。

さらにコンクリートは熱容量が大きく、熱量をたくさん取り込むので、夏場の屋根に接した部屋や、西日を受ける壁を持つ部屋は、夜になっても非常に暑い。昼間コンクリートの中に取り込んだ熱を放出するので、ひとたびクーラーを止めると間もなく暑くなるのだ。特にコンクリート打ちっぱなしの住宅

鉄筋コンクリート造の建物

は、住むのにはつらい。

このように見てみると健康にあまり良いとはいえない。お年寄りが鉄筋コンクリート住宅を嫌う理由はこんなところにもあるわけだ。

遮音性は優れている。入り口や窓などの開口部をきちんと処理すれば、とても静かな空間を作れる。交通騒音の激しい地域の住まいや音楽室などの併設に適している。コストの面では高くつく。特定の目的があって建てる場合を除いて、一般の住まいには基本的に適しているとは言えない。

17 音が響くのが気になる鉄骨造の家

鉄骨の建物は、重量鉄骨造と軽量鉄骨造とに分けることができる。

ビルなど大規模な建築には、柱の太さが三〇センチを越え、鉄板の厚さも一センチ以上あるような重量鉄骨が使われる。一方、個人の住宅に用いられている柱は太さが一〇センチにも満たない。鉄板も三ミリから五ミリと薄くできている。軽量鉄骨プレハブ住宅である。

写真Aのように重量鉄骨造の建築は、少ない柱で大きな空間が作り出せるので、高層

A　重量鉄骨の建物

B　軽量鉄骨の建物

建築にも向いている。しかし柱や梁が大きいため、部屋の隅や天井に突出部ができ、室内の使い方に不便がある。コストの面でも割高になり、個人の住まいとしては利用しにくい建築工法である。

鉄骨造を住宅に用いるときの問題を音の点から考えてみる。

「軽量鉄骨の住宅は、音が響いて安らぎがない」という声を実際に住んだ方から聞くことがあるが、それは鉄が音を吸収せず、反射させるからである。木造の場合だと、柱などの木が適当に音を吸収してくれる。

一方、鉄の中の音の伝達は、一秒間に約五〇〇〇メートルといわれている。鉄骨造と木造の差は歴然としている。

加えて、軽量鉄骨プレハブ住宅は、工事の合理化のために、外壁に軽い空気を含んだコンクリート板（ALC板）や、サイディングのパネルを張るので、工期は短縮される。しかし、遮音性に劣る面がある。

鉄は高い強度を持つ材料である。しかし、写真Bのような軽量鉄骨住宅の場合、使う部材が薄く細いのが気になる。また、触れても冷たく、熱伝導率が大きいので、壁内結露の心配がある。建物そのものの振動音も問題だ。軽量鉄骨住宅の場合、手のひらで鉄柱をドンとたたいてみると、振動が伝わりやすいので、家全体にズーンと響く。木造なら、建物に発生する音も、木が吸収してくれる。

このように、鉄骨の建物は、倉庫や仮設住宅、超高層建築に向いているが、戸建住宅には適していない面が多い。

また、鉄は火災時の高熱に弱く、熱でアメのように曲がってしまう。必ずしも、火事に強いわけではない。

18 壁内の結露が心配な合板パネル住宅

合板（ベニヤ板）を構造用合板として用いるプレハブ住宅がある。出始めのころは、ベニヤで家を建てるのを見て驚いた方も多かったが、今では随分普及した。その住み心地は既に多くの方が体験されているが、果たして

図1　ツーバイフォー木質系プレハブ工法

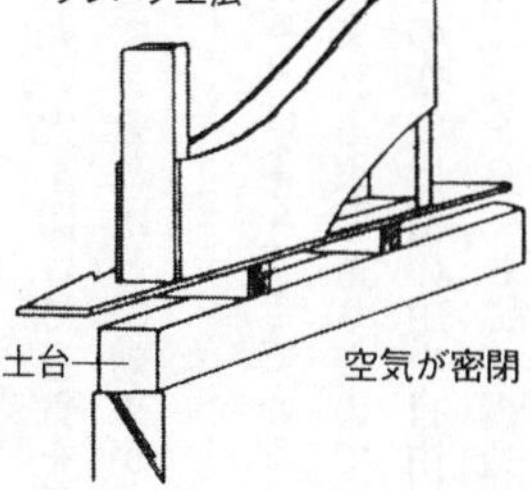

図2　木造在来工法

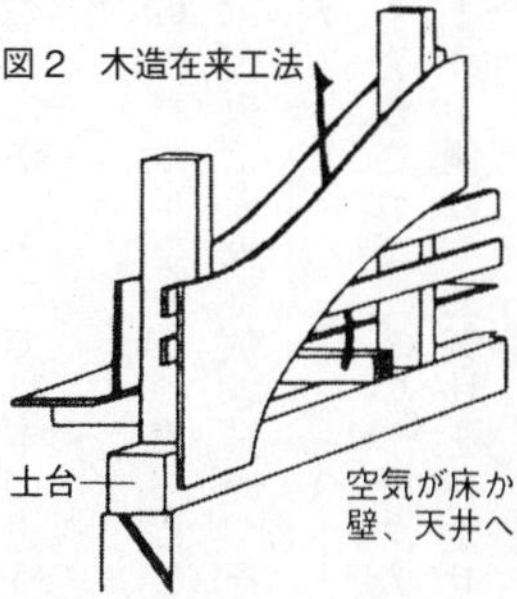
空気が床から
壁、天井へ抜ける

日本の木造在来工法と比べてどちらが優れているのだろうか。そこで日本のような高温多湿の風土での気密性と結露の問題を考えてみたい。

ツーバイフォー住宅や木質系プレハブ住宅は、合板のパネルを使うので、ここでは合板パネル住宅と呼ぶことにする。合板パネル住宅は、合板で床板を敷き詰め、その上に壁になる合板を立てる。二二三ページの図1がそれだ。

室内の気密性は高いだろう。しかし壁の中の空気も密閉されてしまい、そのため湿気に弱く、木が腐りやすく、家の寿命を縮ませる。メーカー側は、通気性を持たせているとは言っているが、充分とれるとは考えにくい。

また、密閉されて温度の上がった空気は、室内外との温度差によって、壁内結露を発生させ、合板をぐずぐずにしてしまうことがある。合板に丸い穴を開けて通気を考えたりするが、仕上げにビニールクロスを張って穴をふさぐので、それほどの効果が上がるとは思えない。

一方、木造在来工法は図2のようになっている。壁内通気はよくできている。しかし、室内の気密性が高いのは、在来工法の家も柱が壁で囲まれる大壁造りなので、合板パネル住宅と同じようになる。木造在来工法の場合、床下の空気は壁の中を自由に通って軒先や屋根から抜けるようになっている。壁の中の空気流通を良くして、構造体の湿気をいつも抜いている。

建物自体、息ができるから、健康で長持ちする。これが一〇〇〇年以上、木で住まいを建て続けている日本人の知恵である。プレハブ住宅が二〇年くらいしか持たない場合があるのは、合板で家ができていることと、壁の中の通気不足が原因であろう。

もう一つ大切なことは、合板は一面に接着剤が塗られているので、木としての調湿作用に欠けることだ。そのため、壁内結露の心配がある。さらに、室内もビニールクロス仕上げが主なので、家全体が結露しやすいのである。

19　耐震耐力壁が地震に強い家を造る

阪神淡路大震災では、高速道路、鉄道、港、ビル、住宅など、被害の大きさは想像以上のものがあった。特に住宅でいうと、古い木造住宅が何棟も倒壊したことは、ご存じの通りである。

木造在来工法でも、耐震構造にのっとり最近建てたものは被害が軽度だった。またプレハブメーカーは、合板を使った壁式工法が比較的丈夫だったと言っている。

そこで今回は、在来工法と壁式プレハブ工法の耐震性と、さらに徹底して地震に強い家というものを考えてみたいと思う。

地震に弱かったのは、壁に筋交いのない老朽化した家だった。屋根は日本瓦で、おまけに土を載せているため、非常に重くなっている。これは台風に対する備えと考えられていたが、地震に対しては重い屋根が災いした。

一方、ツーバイフォーなどプレハブ工法の一つである枠組壁工法は、壁面に九ミリの構造用合板というベニヤ板を張っていくので、これが筋交いの役割を果たし、また建物の一体化に役立つ（図1）。筋交いが全くないのも気になるが、ベニヤを直接壁として張れば、筋交いがなく、二インチ×四インチ（五センチ×一〇センチ）という細い柱だけでも大丈夫、というわけである。強度を必要とするところは、柱を二本、三本と重ねる。ま

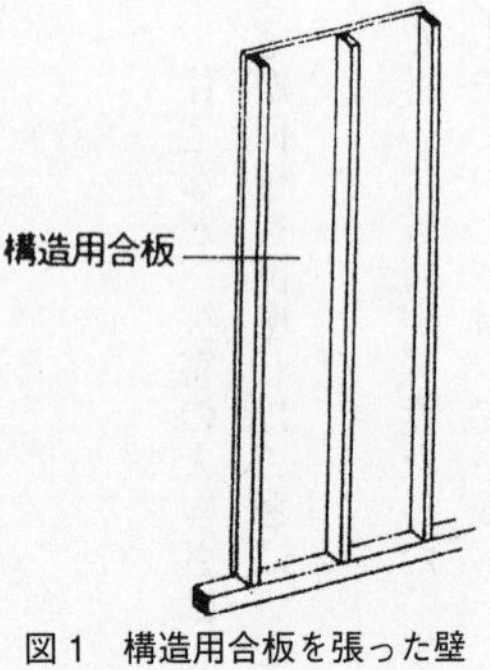

図1　構造用合板を張った壁

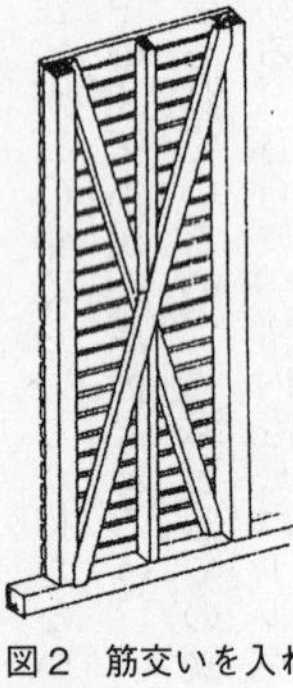
図2　筋交いを入れた壁

た、プレハブ住宅の屋根が軽かったのも、被害が少なかった一因である。

在来工法で耐力壁としての強度を増す方法は、やはり筋交いである。筋交いは片側だけでなく、図2のように要所に交差した筋交いを入れていく。柱は太く、材質的に強い材木を使い、筋交いも公庫基準に定める四・五センチ×九センチより更に太い、四・五センチ×一〇・五センチのものをお勧めしたい。そして壁の下地となるラス板にヒノキをしっかり打ち付ければ、相当強い耐力壁となり、耐久性も向上する。

合板は面に対する変形強度が大きいので、耐力壁に使われる。これを構造用合板という。合板の接着剤の問題はあるにしても、木造住宅の筋交いを入れた壁にこの合板を張ると、さらに強度が増すことになる。次の項で詳しく説明しよう。

20　筋交いと構造用合板を組み合わせる方法も

およそ建築だけでなく、物事において絶対というものはない。それぞれが長所短所を持ち合わせ、その改良によって進歩がある。

前述したツーバイフォー工法の壁に使う構造用合板が、木造在来工法の筋交いの代わりをすることになっている。ツーバイフォー住宅は、合板で持たせ、在来工法は筋交いで持たせている。

　双方の長所を取り入れたのが、図1である。壁の下地板として、杉のラス板の代わりに合板を張っている。これは一般的によく行われる方法だが、このように筋交いをしっかり入れた後に合板を張ると、より強固な構造が出来上がる。

　合板の問題は、建物を密閉しすぎないか、という点だ。在来工法では、空気が土台と根太の間を抜け、壁の中を通り、天井へと抜ける。部屋は密閉されても、壁の中は通気がある。

　また、合板は水や湿気に弱いことが挙げられ、ツーバイフォー住宅の修理をした大工さんから、「水にやられた壁の合板が、ぼろぼろになっていてひどい」とか、「屋根に乗っ

図1　筋交い
＋構造用合板

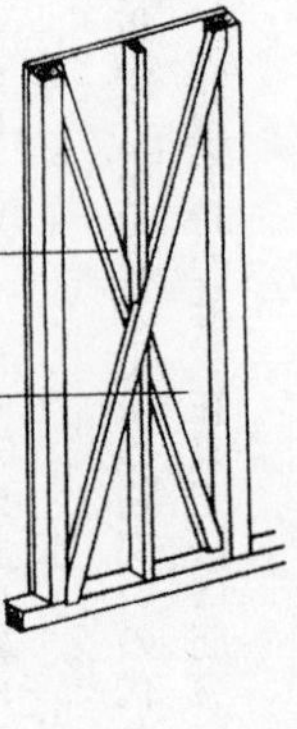

図2
筋交い＋構造用合板
＋無垢のラス板

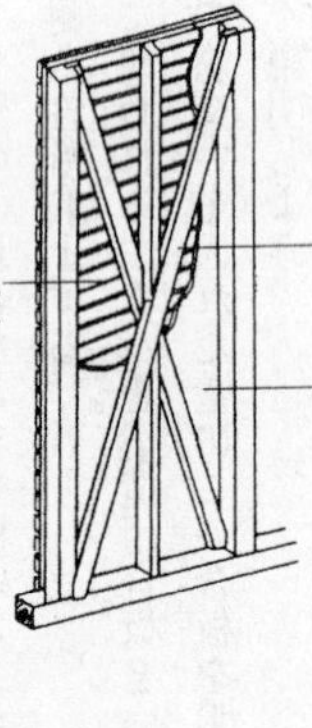

て修理をしている時、力のない合板の上では、足が抜けそうで怖い」という話を聞かされる。

耐水性合板を使っても、少し長い間湿気にさらされると、どうしても弱くなっていき、耐力壁の役目をなさなくなったり、建物自体がおかしくなったりする。また、合板は接着剤を多用しているので、そのことを承知して使う必要がある。

ツーバイフォー住宅は、間柱のような柱に合板を釘打ちするだけで、筋交いもなく、充分強い家とは考えにくい。釘の効き方は、無垢の木のほうが合板より優れている。外壁のモルタルやタイルの下地に、ヒノキなど無垢の木を使った方がずっと持ちがよい。そこで理論的な改良を加え、考えていくと、図2に至る。

しかし、合板をできるだけ使わないという考え方からすると、木造在来工法では、柱は太くてヒノキのように良質なもの、筋交いには大きなものを数多く取り入れることである。

21　ステンレスを雨仕舞いに使う

二三一ページの写真Aは、瓦屋根の谷の部分である。この谷には、一般的にカラー鉄板が使われる。すると写真Bのように錆びてくる。私は、この谷にはステンレスを使うことをお勧めしている。錆びてこないからである。

写真Cは、基礎回りのステンレスの水切りである。普通、ここに使うのは鉄板であるが、これも時間が経つと鉄は錆びてくる。

水切りとは、壁に吹き付けた雨水が、基礎から土台のほうへ回らないように、基礎のところで水を切るものだ。そのほかに、雨に対して水が切れるように、金属板などを使うことを雨仕舞《あまじま》いという。これらに用いる材料は、水に強いもの、耐久性に優れているものが基本といえる。建築でいうと、板金工事にあたる。

板金工事の材料として一般的に使われているのが、カラー鉄板である。焼付け塗装のため、すぐに錆びることはない。しかし、一〇年くらいで再塗装が必要となってくる。

カラー鉄板の次によく使われているのが銅である。昔から、立派な家や神社仏閣には銅板が使われている。工事したばかりの銅は、赤く光り輝いているが、しばらくするとくすんだ茶になり、一〇年以上経って緑青《ろくしょう》が出てくる。しかし、銅の谷や屋根などは、瓦のアクや大気汚染で、穴が開くことがある。

もっと素晴らしい金属板はステンレスである。ステンレスには、カラーステンレスとステンレス板そのものがある。ステンレスでは冷たい感じがするという方には、カラー

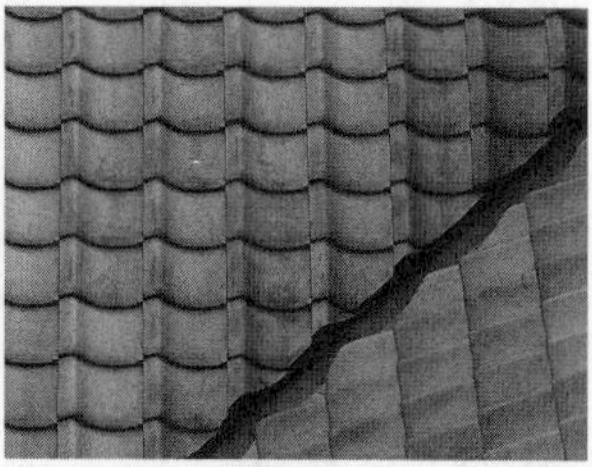

A　瓦屋根の谷の部分

B　錆びてしまったカラー鉄板

C　ステンレスの水切り

ステンレスをお勧めする。見た感じはカラー鉄板と同じだが、私からすると今ひとつ味気ない。ステンレスそのままで良いと思う。ステンレスの輝きは、本物の証である。錆びないしるしともいえる。

屋根や庇《ひさし》、露除けにも、ステンレスを使うことをお勧めしたい。今、屋根の谷や水切りに、ステンレスを使う建築会社や住宅メーカーはほとんどないように思う。建物の寿命という点で、雨仕舞いは重要である。建築費が少々かかっても、ステンレスのような良い材料を使うとよいだろう。

22 風格と耐久性を兼ね備えた陶器瓦

どんな材料で屋根を葺くか、新築時に迷うところである。大別すると、①陶器瓦葺き、②スレート瓦葺き、③金属板葺き、などがある。これらはさらに細かく分けられるが、基本的にこの三種類の屋根の長所や短所を考えてみたい。

写真の陶器瓦の特徴は、粘土を高温で焼くので堅く、耐久性が非常に優れていることである。図1のような波形のおかげで雨が曲面に当たり、雨音がかなり消される。また瓦同士を重ねたすき間から、屋根の熱が逃げてくれるので、住む人や建物のためにはと

陶器瓦（和瓦）の屋根

図2

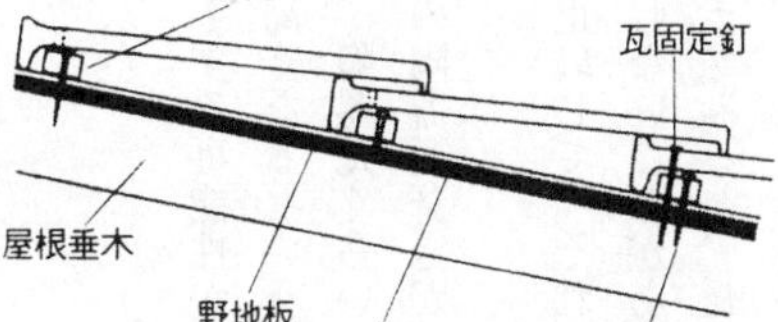
瓦桟（カワラザン）
ルーフィング
（下葺材）
桟木固定釘

図1

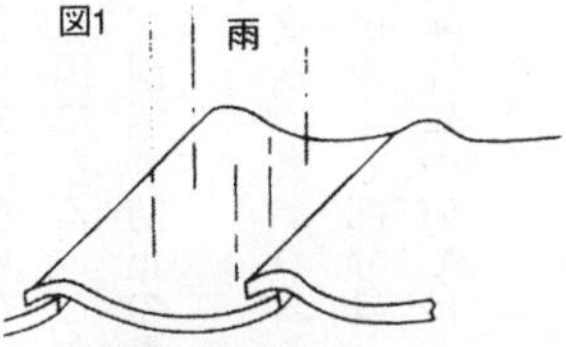
・曲面に雨が溜まる
・粘土を焼いたもので、
厚みがあり雨音が静か

ても有効だ。

問題は重い点である。強い地震のときには、瓦が落下する可能性があり、建物の最上部全体に重いものを載せるというのは、建物の重心が高くなるということで好ましくない。ただ、柱や梁などの構造がしっかりした建物なら、陶器瓦くらいの荷重ではびくともしない。そういう家には、風格からいっても高品質の陶器瓦葺きが適している。ただし、価格的には高いものになる。

陶器瓦を葺くとき、図2のようにまず軒先の瓦を釘止めして、それから順に、図の瓦桟という木に引っかけていく。このとき、瓦は釘止めしないことがある。釘止めした釘穴からの雨漏りが心配だからだそうだ。しかしよく考えてみると、瓦桟を野地板に止めるとき、防水ルーフィングを突き通して、釘を打たなくてはならないのだから、瓦のすき間から浸入した雨水は、どちらにしても雨漏りの原因になる。これは陶器瓦だけのことではなく、スレート葺きや金属板葺きでも同じで、雨漏り防止のためといって軒先の瓦だけ釘止めするのは、正しいとは思えない。

次に、地震の時の揺れで瓦が落ちたり、屋根瓦の重みで家がつぶされたりするという説について考えたい。地震で陶器瓦の屋根の最初に破損する部分は、屋根の一番上の煉瓦だ。他は何でもないことが多いもので、落下の危険性については、軒先一列だけの釘止めにせず、三、四列ごとに止めるか、一枚ずつすべて止めるのはいかがだろう。なお、陶器瓦に似せたセメント瓦という、最低のものもあるので、注意していただきたい。

23 軽くて安くて施工しやすいスレート瓦

スレートとは、英語で屋根用の薄い粘板岩のことで、本来は玄昌石などの天然石だった。鉄平石もかつて屋根材として使われていたことがあるが、スレート瓦葺きはヨーロッパで一三世紀後半から現れ、日本には明治時代に、洋風建築と共に屋根用スレートの技術が伝えられた。東京駅の駅舎の屋根は、天然スレート（玄昌石）で有名である。人工スレート瓦葺きの代表的なものに、「カラーベストトコロニアル」がある。写真は、どこでも見られるこの瓦葺きである。カラーベストとは、カラー・アスベストの略語で、石綿（アスベスト）とセメントを混ぜてプレスしたものだ。昭和三二年、アメリカのマンビル社の技術提供により、株式会社クボタが国産化に成功してから、プレハブ住宅の伸びと相まって急速に普及し、屋根材の一時代を作り、今日に至った。現在では、他の大手の住宅建材メーカー各社も生産販売している。

このカラーベストの特徴は、価格が一般に陶器瓦より安く、陶器瓦に比べて軽いことであり、それが普及した一因であろう。雨の音が金属葺き屋根のように響かない。施工時は、薄い板状のものを釘止めし、カッターで簡単に折れるので作業効率が良い。陶器瓦より屋根の勾配が緩やかにでき、屋根のデザインにも工夫ができる。

問題は、一〇年くらい経つと、色があせてくることで、大気汚染が変色を促進させる場合もあるようだ。黒色などは影響を受けにくいとも言われる。またスレートの合わせ部分に、長い年月の埃がたまってくると毛細管現象が起き、雨漏りの原因になるという人もいる。これは、勾配を陶器瓦葺きくらいまで取れば、解決できると思う。

人工スレート瓦（カラーベストコロニアル）

アスベストといっても、綿状ではないので空中に飛散する不安はないが、家を取り壊したり、捨てたりした場合、問題が起きる心配もある。そのため、脱石綿のスレート瓦の開発も進んできている。

デザインの面でも、直線的ですっきりした感じが出せる。それになんといっても、工事費が安いことが、住宅メーカーにも好まれた。

カラーベストが普及した理由は、充分分かるような気がする。

24 金属板の屋根ならステンレスか銅板

金属系の屋根材の代表的なものが銅板である。銅板の屋根は古代ローマ時代からあり、日本では九世紀頃すでに存在したという記録が残っている。加工しやすく、耐久性に優れ、銅の緑青は錆びであるが、それが酸化の進行を妨げ、強い耐久力を発揮する。高価な屋根葺きの代表といえ、神社や寺などの軒の出が大きいところに用いられている。住宅の場合、高級な雰囲気を漂わせる（二三八ページ写真A）。一方、鉄板の屋根というと、古くはトタン屋根を思い出すが、錆びに弱く、今はあまり使われていない。

戦後、焼き付け塗装を施したカラー鉄板が開発され、品質の向上したものが現在も広く

A　銅板屋根

C　ステンレスの屋根

B　カラー鉄板の屋根

普及している。写真Bのような瓦棒《かわらぼう》の屋根の家、また霧除けに使われるが、八～一〇年くらいも経つと、やはり錆びてきて塗装の必要が生じる。耐久性はまずまずである。

近年、ステンレスやアルミニウムなど非鉄金属素材の屋根が登場している。ほとんど錆びないのが優れている点で、これからもっと普及すると思われる。

金属系の良いところは屋根が軽いことで、地震に対して大変有効である。欠点は台風のとき吹き上げられやすいこと、太陽熱で家屋がかなり熱くなること、雨音が直接響いてうるさいことだろうか。そこで、雨音対策には、下地にグラスファイバーやソフトテックスなどの緩衝吸収材を入れる。

また、良い点の一つに、緩い勾配の屋根、曲線屋根など、デザインの工夫の幅が広がることが加えられる。写真Cは、ステンレス板をそのまま使った屋根だが、錆も出ずに一〇年経過しても、ほとんど変化がない。メンテナンスが不要でかえって経済的ともいえる。

ステンレスは、昔から私が好む素材である。高校生のとき、亜鉛鉄板（トタン）で自宅の流しを自分で作ってみたが、一～二年で錆びて穴が開いてしまった。二回ほど作って、嫌になってしまった。そこで、材料をトタンからステンレスに変えた。折り曲げるとき、とても腰が強く、鉄板のようにたたいても容易には曲がらなかった。そのステンレスの流しは今でも錆びてはいない。だからステンレスが好きなのである。

25 本格和風の家には「銀いぶし」の和瓦を

写真は、陶器瓦の一種である和瓦の表面仕上げの代表的な三例である。実際はもっと細かく分類できるが、広く使われているものから選んでみた。

全国で生産される瓦だが、有力な産地に「三州（愛知県三河地方）」が挙げられる。三州瓦は、叩くと金属音がするほど焼きが固く、品質も優れており、本格高級瓦というイメージを持たれている。

写真Aは、中でも代表的なもので、「銀色瓦《ぎんしよく》」とか「銀いぶし」といい、渋みのある銀色をしている。ガラス質の釉薬をかけていないので、鈍い銀色の光沢が綺麗で、和風の家にとても良く合う。釉薬を塗っていないため、吸水率は塗った瓦より大きく、表面に少し水気が残るので、コケが付く場合もある。写真Dは、銀いぶしを葺いたものだが、年数が経つに従って若干の色むらが出てくることがある。これも味わいといえるだろう。上質なものほど、色むらは少なくなる。瓦の先端が一文字に揃っている。こだわりの美である。

C　ガラス質を多く含んだ
釉薬をかけて焼いた瓦

A　銀色瓦

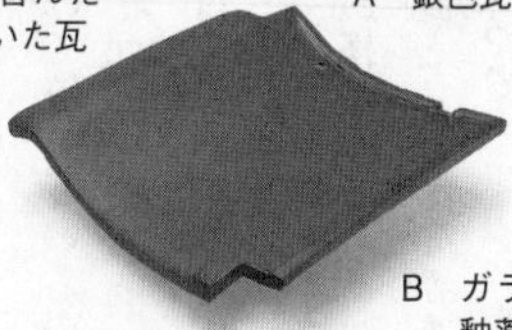

B　ガラス質を少し含んだ
釉薬をかけて焼いた瓦

E　釉薬をかけた瓦の屋根

D　銀いぶしの屋根

写真Bは、ガラス質を少し含んだ釉薬をかけた瓦である。これもいぶし瓦の一種で、銀黒という。上面の水の弾きが銀いぶしより良いので、汚れは付きにくい。黒味がかった濃いチャコールグレーは重厚な感じがする。写真Eは葺いて七～八年経ったものだが、年月を経ても色むらがほとんど見られず、安定している。渋味のある光沢は、和風にも洋風にも好まれる。

写真Cはガラス質の釉薬をかけて焼いているので、表面が光っている。茶碗の仕上げと同じ原理で水を全く通さず、水切りが良く、コケも生えにくい。価格は一般向きで、渋い高級感は出ないが、汚れが付きにくい。

以上を見ると、水の切れの問題、経年のむら、また好みはあるとしても、本格和風の瓦としては銀いぶしが美しく、風格がある。

和瓦の銀いぶしには、一文字瓦というものがある。屋根の軒先の瓦が丸いのは、通称「まんじゅう」という。平坦になっていて、一直線になっているものは、その様子が一の文字に見えるので、一文字瓦葺と言うのであろう。軒先を長く出すとき、銅板の腰葺屋根と組み合わせて使うことが多い。典型的な和風住宅の屋根である。

26　洋風の家には個性のある洋瓦が映える

住まいを洋風か和風かに分けるとき、まず外観から判断される。中でも大きなポイントは、屋根瓦の形状である。写真AはS（エス）瓦といい、瓦全体がS字の大きな曲線となっている。スペイン瓦と似ていて、洋風の瓦というイメージを作り出し、和風の家には合わない、典型的な洋瓦と言えるだろう。

陶器瓦なので耐久性に優れ、波形の曲線は、太陽の熱気が屋根裏に伝わるのを抑え、熱を外に逃がす働きをしてくれる。デザイン的には曲線の丸みが強く、個性的で重厚な屋根を表現でき、雨が強く当たっても音が生じにくくなっている。

写真Bは、S瓦を使った家の玄関部分の屋根で、建物全体、屋根は全て、このS瓦を用い、スペイン風の家として設計されている。

次に、洋風デザインの家でも、屋根をすっきりしたデザインにという希望の出る場合がある。そういうときは、横一列に直線が現れ、フラットに仕上がる写真Cの瓦をお勧めする。これも本格的陶器瓦で、焼きがしっかりしていて、叩くと金属音がする。渋い光沢が高級感を出している。

C　フラットな洋瓦

B　S瓦を張った屋根

A　S瓦

D　スペイン瓦

Cの瓦を使った屋根のフラットな外観はコロニアル葺きと似ているが材質は全く違い、四〇~五〇年経っても、コケは付かないし、耐久性はそれ以上ある。一般に、洋風な家でフラットな屋根というと、コロニアル葺きがほとんどだが、本格的陶器瓦があることも知っておいていただきたい。

S瓦の原型と言うべき、本格的スペイン瓦がある。色は赤褐色で、スペインでは、郊外に行くと、どの屋根も同じ色である。バスに乗って田園風景を眺めていると、土が同じ赤褐色であることに気付く。その土地の土を使っているのだ。日本のように工場で多種多様の色を作る国民性と異なる、スペインの素朴さが出ている。

写真Dは、スペイン瓦である。素焼きで、上下二種類の瓦の組み合わせである。焼き上がりがもっと素朴なものもある。実際のスペイン瓦の屋根は趣があって素敵であるが、日本では瓦職人の手間がかかり高くつくので、高級な瓦ということになるのであろう。

27　セメント瓦は避けたい

二四七ページ写真Aの瓦は、一見一般的な焼き瓦のようだが、側面を見ると、固めたセメントでできていることが分かる。セメントを固めた上に塗装が施されている。一〇年ほど前、有名住宅メーカーの建築現場でこのセメント瓦が使われているのを見て、びっくりした。瓦と言えば、焼き瓦と思っていたので大手メーカーがこんなものを使っているのかと驚いた。

写真Bは、粘土に釉薬をかけ、焼いて青色になった陶器瓦である。

素人には、屋根の上に葺かれた状態では、陶器瓦かセメント瓦かの判断は付かない。素人に分からないからこういう使われ方が起こるのである。

セメント瓦は非常に重量がある。一枚の大きさが大きいことと、セメントを固めたものなので、厚くせざるを得ないことが原因である。実際、瓦職人に聞いても、「工事をするとき、重くて大変だ」と言っている。それに、材料がセメントでは、長い年月の耐久性は期待できないであろう。また、屋根が重くなるというのは、建築主にとっては心配である。

一方、陶器瓦は、セメント瓦より軽く、薄くて強度もあり、釉薬をかけて焼いているので、表面は茶碗の仕上がりと同じで、ガラス質になる。透明度が出て、水を通さず、抜群の耐久性が生まれる。強烈な直射日光による高温にも耐え、積雪、氷点下の温度にも耐えうるなどの利点がある。

A　セメント瓦

B　陶器瓦

粘土を焼いて使うことは、人類五〇〇〇年の知恵と言える。セメントを固めた瓦と陶器瓦とでは、本来比較にならない。私の知っている瓦職人も、セメント瓦は使わないということである。

ここで述べたセメント瓦は、旧財閥系の、誰でも知っている有名な住宅メーカーが使っていたものである。建てている所は、広い道路で美しく区画された住宅地である。こんな粗末な瓦を使うとは、会社が有名なら何でもありといった感じである。

これは消費者にも責任がある。「いわしの頭も信心から」という諺があるが、企業名を信じて疑わない。その結果、こんなひどい瓦を屋根に載せられてしまうのである。

第4章　後悔しない家づくりの知恵

1　宅地を買うときは広い視野で地形を確認する

新たな土地を購入して家を建てようとするとき、土地の選定にはかなり悩むものだ。慎重にならざるを得ないが、いい土地はすぐ売れてしまうので、決断が遅いと買い損なうし、なかなか難しい。

不動産屋の話はいいことばかり並べているような感じがして、本当のところはどうなのかという不安が伴う。家を設計し建てることの専門家である建築家の立場から検討してみたいと思う。

昔から「ゆるい南斜面の東南角地が最良」という言葉がある。さらに家の前の道路が広いのに車の通行量が少ない「閑静な住宅地」となれば理想的だ。しかし、実際にはこのような土地を求められることはまれである。

そこで、まず大切なのは、その土地が周囲の広い地域の中でどんな位置にあるか、つまり土地の高低のどの場所かということだ。坂の上の高台にあるのか、坂の途中か坂の下にあるのか、求める土地に隣接する家並みだけを見るのではなく、一キロ四方前後の土地の高低差に注目するとよい。

図の高台にある家Aは、水はけや風通しがよく、湿気の少ない土地に建っている。Bは坂の途中にある。雨水は下に流れていくから、台風などで浸水することはない。水の通過点なので、敷地内に水が溜まらないように工事上の注意が必要である。AとBの位置の地盤については、一般的にしっかりしているといえる。

次にCの建っている土地だが、広い地域として見た場合、地形の底にあたるので、水が集まってくる。たいてい川が近くにある。市

低い地盤の土地に要注意

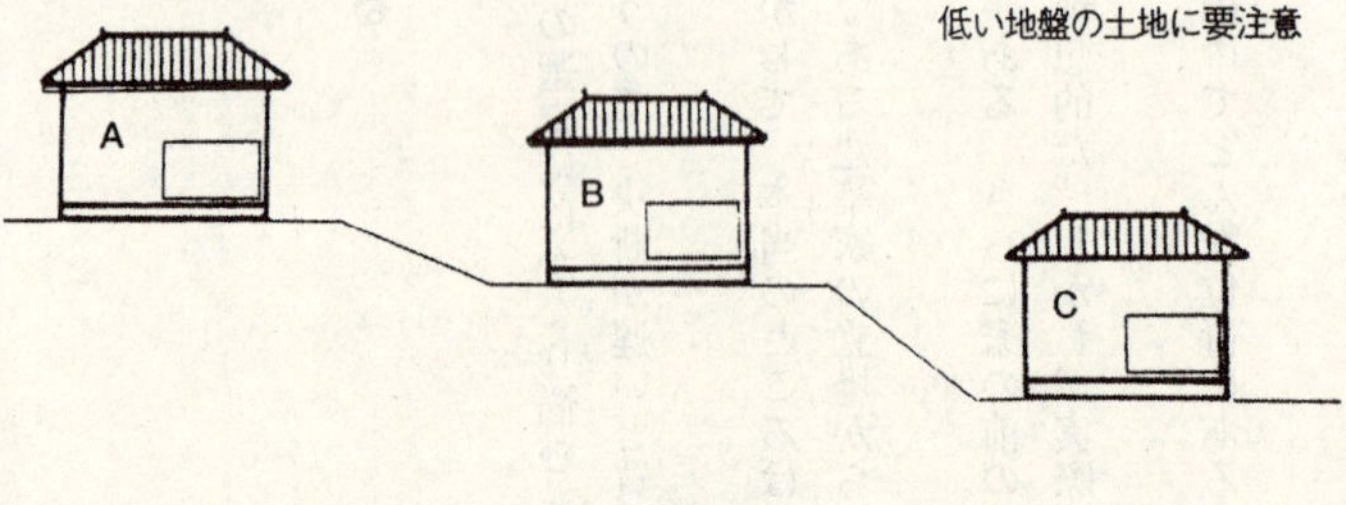

街地では暗渠《あんきょ》になって、遊歩道や細長い公園ができており、ちょっと川だとは分かりにくくなっている。Cの土地はどうしても地盤が弱いところが多く、湿気の多い土地柄と言えよう。

今は下水設備も整っているので、浸水ということは少ないと思うが、事情によってそのような土地を求められたら、基礎を思いきり高くすること、そして地質調査をして地耐力（地盤の強さ）を算出しておくとよいだろう。どちらにしても、家を建てるために土地を求めるときは、建築士に相談されることをお勧めしたい。

2　敷地の形で建物の形が決まる

宅地の地形は、家を建てるときの大切な要素である。南北や東西に長い土地、正方形あるいは変形の土地などさまざまだが、南向きの日当たりの良い部屋がたくさん取れるのは東西に長い土地で、南北に長い土地は、どうしても日の当たりにくい部屋ができ、どちらかというと室内が暗い印象になりがちである。

ところで、三階の部屋や屋根裏部屋（グルニエ）、ロフト（吹き抜けの部屋の中間に開放された中段の部屋）などのスペースを取るときは、南北に長い地形のほうが有利だということをご存じだろうか。法改正によって、三階建ての木造住宅が建てられるようになってから、特に注目されている。

問題になるのは、日照権に関する北側斜線の制限という部分である。建築基準法では、図1のように、五メートルの立ち上がりから、水平に一メートル、垂直に一・二五メートルの所に引いた斜線の内側（これを勾配一・二五という）に建物を収めるよう定められている。都道府県によって規制は多少異なるが、東京都は制限が厳しく、建物の高さを図2のように水平一メートル、垂直六〇センチ分の勾配の内側に収めなければならない。

図3の南北が短く東西の長い土地では、高い建物が建てにくいことが分かる。当然、三階やグルニエの造作は難しくなる。一方、図4の南北が長く東西の短い建物だと、三階部分に大きな空間が取れ、南側は、人が立って生活できるほどである。南北に長い土地のほうが三階建てにしやすく、利用できる空間が大きいわけである。

ただし実際には、容積率の制限もある。また図3、4の例は、説明を分かりやすくするために、六×一二メートルの土地にしている。北側を一メートル空けたのは、人の通行や通気などを考えてのことである。

このように、新しく土地を求めるときは、建築条件を満たした上で、「立体的な形」

図1　北側斜線制限

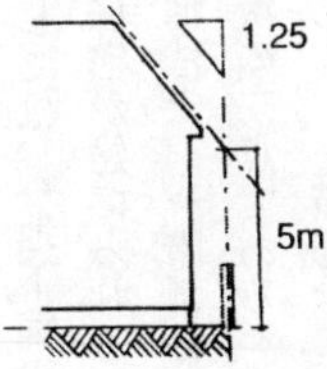

図2　東京都の場合

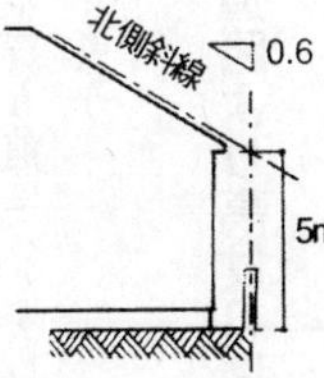

図3　東西が長い敷地の場合

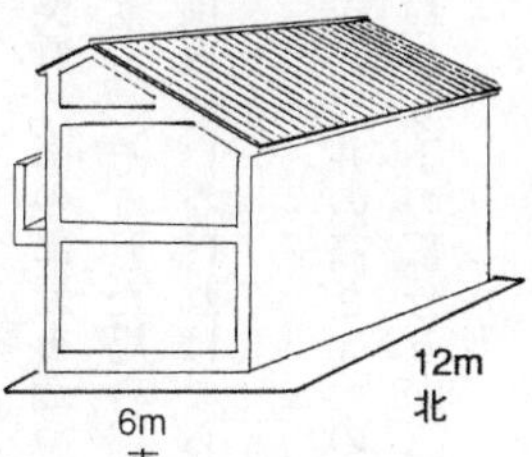

図4　南北が長い敷地の場合

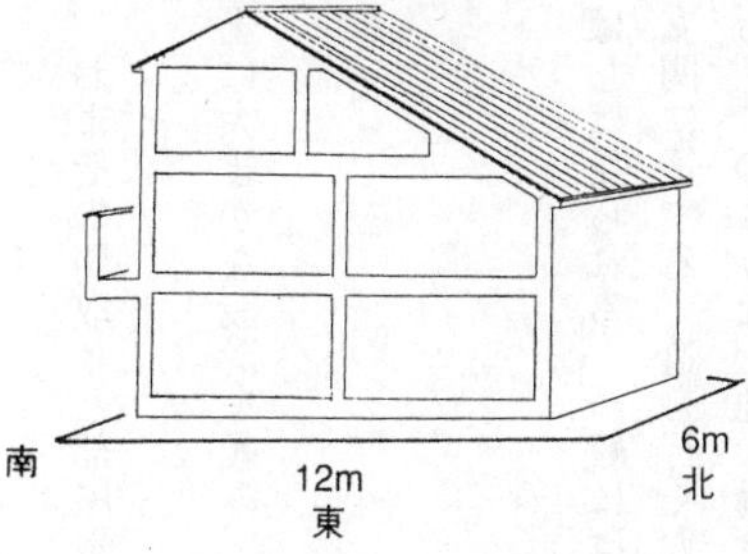

を把握していると便利である。そのことによって、およその間取りと部屋数が計算できるようになる。

やはり、土地を買う前に、なるべく急いで設計士に大まかな設計を頼み、法的チェックをするとよいと思う。

3 敷地が道路より高ければ半地下が造れる

道路より一メートルくらい高い地盤の宅地はしばしば見られる。一般には、その高い地盤の上に家を建て、道路から階段を数段上って玄関に達する。道を行く人の目の高さより建物が高い位置にあることを好む方もおられる。このような土地の場合、建築を専門とする立場としては、「地下室の規定を利用した実質一階の部分を造って、その上に三階建ての木造住宅が建てられるな」と思うわけである。そうした場合、家は合計四層になり、建築基準法上、一階部分は地下室の規定に則っていなければならない。ここでいう規定とは、次の二点である。

①地階の条件として、一階部分にあたる部屋の「床から天井の高さa」の三分の一以上が、敷地の地盤より下に潜っていること、つまり地盤より下の部分bが三分の一より大

きいこと。

②地下室の容積率緩和の条件として、地下室の躯体が地盤より一メートル以上出ないこと、つまりcの長さが地盤から一メートル以内であること。ただし、地盤の高さは、建物との接地状態に関係して計算するので、寸法は一メートルより少し少なくなり、実際には道路面からの高さは八〇センチぐらいと考えておいてほしい。

敷地と道路との高低差が大きいほど、道路から見て上に建物が高く見える。図の家の場合、道路側からは、地下が一階であるかのように見える。

建築基準法の改正で、木造三階建てが可能になり、また地下が、ある条件を満たしていれば容積率から外されるため、敷地が道路よ

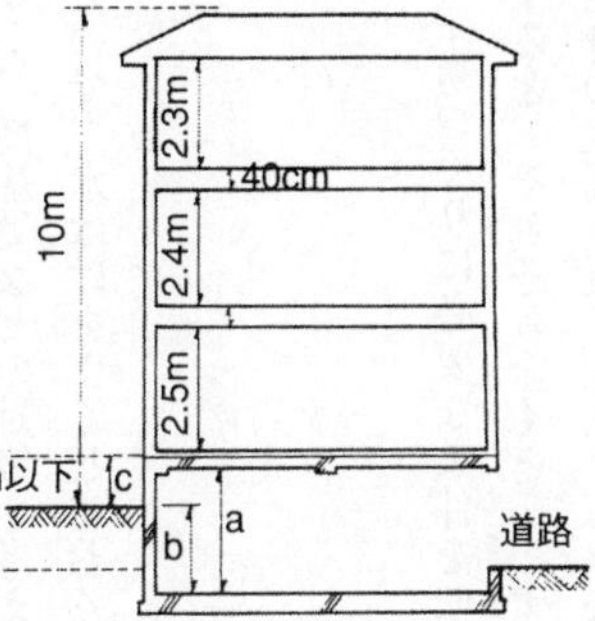

り高ければ、このような四階建てに近い四層の住宅を建てることも可能である。家を建てるときは、そんな点も建築士に相談されるとよいと思う。

一方、道路より低い地盤の土地は、水が流れ込みやすいため、盛り土して高くするか、基礎を高くする必要がある。また、隣の敷地が、買う予定の土地より高ければ、買われるご自分の土地に水がたまりやすいので、盛り土、高基礎などの対策を考えておかなくてはならない。坂の中間なども水が流れていくので、水はけをよくしておく。土地の高低も大切な検討事項である。

4　家の善し悪しが分かる設計図の見方

家族構成や生活スタイル、家に対する要望など、家づくりに必要な条件を伝えた上で、一〇人の建築家に住まいの設計を依頼したとすると、それぞれ全くといってよいほど異なる設計図を描いてくることだろう。家は、生身の人間が長く生活する場なのだから、設計の善し悪しが大変重要になる。建ててしまってから不便で生活しづらいと気づいても遅いから、設計の段階で判断しなければならない。しかし、図面を見慣れていないと、その設計がいいか悪いかを判断することは、なかなか難しい。

あるいは、ご自分の家の設計図をご自分で描いてみる場合もあるだろう。

建ぺい率や容積率など難しいところは専門家に任せるとしても、いざ具体的に考えを進めていくと、合理的で住みやすい設計なのかどうかの判断基準がなかなか分からないものだ。

そこで、専門家の設計図を見たり、自分で設計してみるときの判断基準を次のように分類して、チェックしてみてはいかがだろうか。

■家族構成と部屋の位置

■部屋の配置と人の動き（動線）

■光と風の通る健康的な住まいかどうか

■居室の広さ、廊下や階段の幅など、基本的な寸法

などである。例えば、「家族構成と部屋の位置」について言えば、次のようなことになる。夫婦・子供三人・老夫婦の計七人家族の場合、

①若夫婦の生活は二階中心、老夫婦は安全のために一階にする。

②食事は、当分は別々にしても、将来は若夫婦が世話をすることもある。

③居間は、家族の中心の場にふさわしく、明るく広く取りたい。

④トイレは老夫婦の寝室から近いところに設けて、途中に段差を作らない。

⑤一階の老夫婦寝室の上に子供部屋がこないようにする。
⑥老夫婦のために階段昇降機や家庭用エレベーターの設置も検討してみる。
⑦居間、子供部屋、老夫婦の部屋は基本的に南に面した部屋にする。
このように、家族構成や生活様式によって要点を列記して、確認していくことをお勧めする。

5　自分の家を自分で設計してみる

これから、新しく建てる家の夢を描くことは楽しい。しかし、いざ自分で設計するとなると、思いのほか難しいことだろう。そこで、設計上の基本的なポイントを考えてみる。

■まず各部屋の平面配置と人の動きを検討する。例えば客人を客間へ通すとき、玄関から食堂を通っていくのは一般的に適切とはいえない。二階への階段を居間の中に設けることは、今はあまりしない。階段は、玄関の横か近くに設けるのが普通である。しかし、子供は必ず一階の居間を通ってから二階の子供部屋に行かせるという設計もある。親子のコミュニケーションのためである。

■動線は短く、交錯しない。建築空間の中で、人の動きを線で示したものを、動線という。動線が短く、効率的だと、住む人も楽である。また、目的の異なる動線はできるだけ交錯させない。例えば風呂、トイレに行くのに玄関前を通らないようにする、などである。

二六〇ページに図1と2、二つのプランを描いてみた。図1は、玄関を家の中央近くに据えている。玄関ホールを中心に各室を配置する考え方で、廊下が少なく、動線も短い。その分、コンパクトな家ができ、その割に居間などを大きく取れる。図2は、廊下を玄関から長く取り、廊下に各部屋を接して配置する方法である。廊下の面積は多くなるが、プライバシーは守りやすい。各居室はできるだけ南向きが良い。

■居間、食堂、子供部屋、老夫婦の部屋は基本的に南に向ける。安易に北東や西北に食堂、居間、子供部屋を設けてしまう場合がある。設計にしっかりした意志、目的が必要である。

■キッチン、食堂、居間は一体で続ける。居間は南に接し、食堂、キッチンと続けて一体にする。明るく、広々として、風通しのよい設計になる。

■階段は玄関と調和したデザインに。階段は大きく分けて、回り階段（図3）と直線階段（通称テッポウ・図4）とがある。参考のために、寸法を入れておいた。階段は玄関

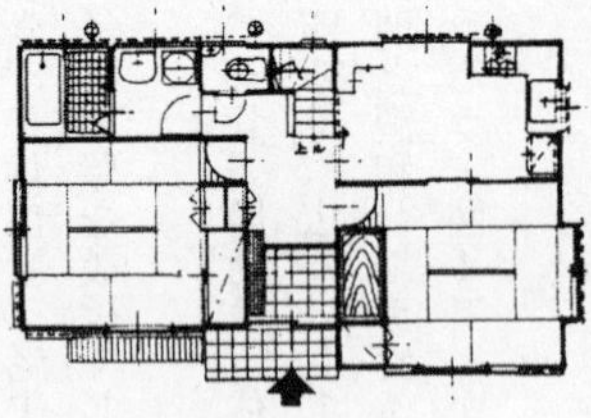

図1　玄関を家の中央に据えたプラン

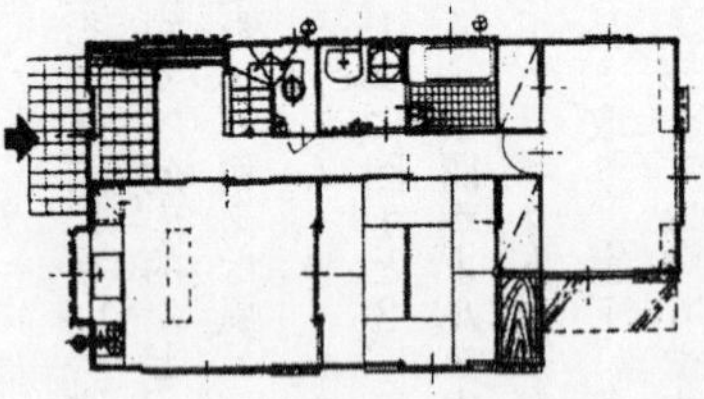

図2　玄関から長い廊下を取るプラン

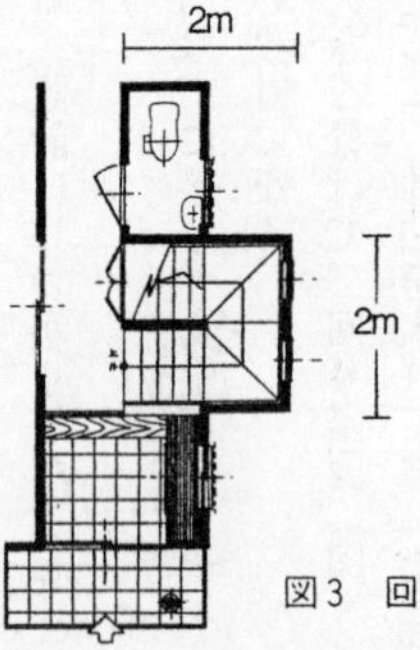

図3　回り階段

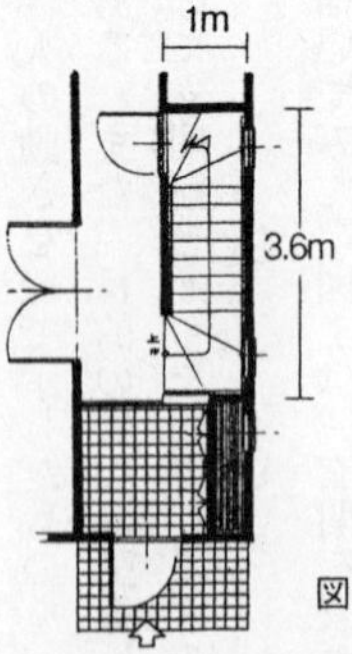

図4　直線階段

横で、しかも外に接するようにすると、光と風が入り、広く開放的なデザインを楽しめる。

6　キッチンと洗濯場は近いほうがいい

台所を「主婦の城」と言ったりもするように、キッチンは主婦の大切な仕事場である。工夫してし過ぎるということはない。キッチンを中心とした洗濯場との位置関係を見てみよう。

近年、キッチンの隣にユーティリティルームを設けることが多くなり、そこに洗濯機を設置する場合がある（二六二ページ図1）。食事の支度や片づけをしながら、洗濯するのには便利である。しかし下着類などはもっぱら脱衣室に集まるので、そこからまとめて運んでくる手間がかかる。

一方、図2の家は、脱衣室に洗濯機があり、キッチンからは少し遠い。

現実にわりとよく見られるケースで、できれば改善したいところである。

図3はキッチンと脱衣室を隣接させたプランだが、この設計で実際に建てられた方は、「とても動きやすく合理的ですね」と言ってくださる。なぜなら、下着を替えるの

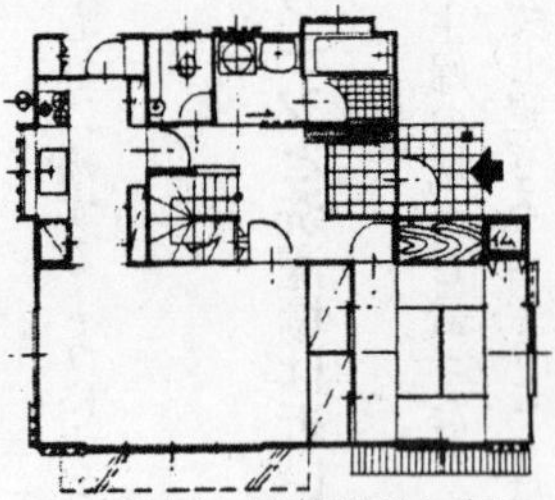

図2　脱衣室に洗濯機を置くプラン

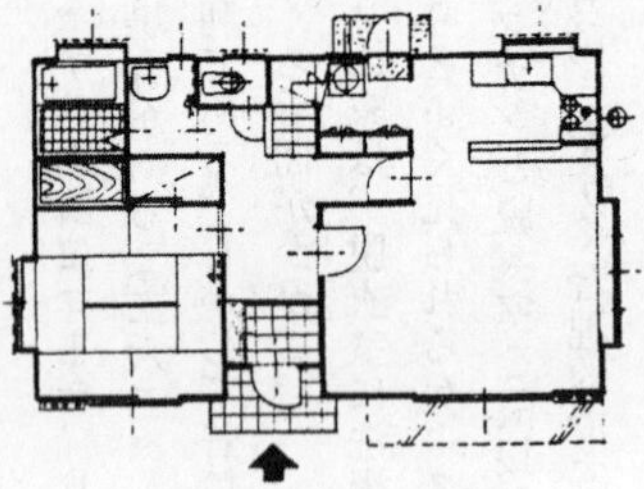

図1　ユーティリティのあるプラン

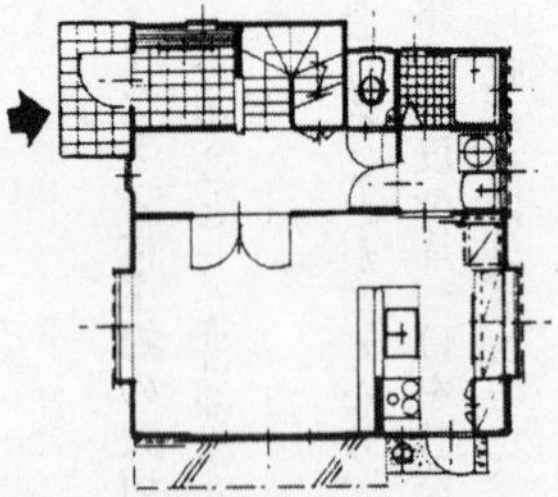

図3　キッチンと脱衣室が隣接するプラン

は入浴のときが一番多く、また台所仕事をしながらすぐ隣の脱衣室での洗濯の様子が見られるからである。

7　洗面・脱衣室を使いやすく工夫する

洗面・脱衣室、浴室など、生活に密着した設備中心のスペースには、設計上、工夫すべき点や改善点が多く、それだけで専門の本が書けるほどである。キッチンの近くに洗濯場があると便利だということは前項で述べたが、その他のポイントを簡単にまとめておこう。

①洗面所は、脱衣室と一緒だと汚れるので、プライベート専門にした方がよい。できれば、お客様用は別に用意する。

②洗濯物は、乾燥機を使うとしても、太陽の光に当てられる物干場を作っておくとよい。脱衣室の外に設けるか、南のベランダに持ってゆくかでも違ってくる。天井付け浴室乾燥機の効果的使用法なども考慮する。

③収納スペースを多く取り、機能的に設計する。洗濯前の脱いだ衣類を入れる専用ボックス、洗濯済みの肌着やきれいなタオルを納める壁面収納スペース、石鹸、洗剤、掃除

用具等の置き場所など、さまざまな工夫ができる。設計をしていて楽しい場所である。

8　使い勝手のいいキッチンのレイアウト

キッチンについてもいろいろな考え方がある。開放的なものにするか、閉鎖的なものにするか、システムキッチンを入れてトータルな家具調とするか、あるいは使い勝手重視のプロ好みの厨房にするか、細かい部分までさまざまな検討を加えていかなければならない。

ここでは開放的なキッチンの代表例として、食堂と台所の境にカウンターを設けて仕切った形を見てみよう。

カウンターの手前に流しや調理台があると、台所仕事をしながら食堂の様子が分かる。しかし一般には、流しがカウンターに面していないことが多く、食堂に背を向けることになったり、不自然な向きで仕事をすることになったりして、せっかくのキッチンが生かされないケースが多い。

カウンターの前に流しを配置して実際使ってみると具合のよいことが分かる。この場合のポイントは、水はねを防ぐためにカウンターの天板の奥行きを深くすることと、カウンターをできるだけ低くして、うっとうしくならないようにすることだ。

食器洗浄機は流しと隣接させ、食器は流しの上の吊り戸棚に納める。量が多いと納まり切らないから、流しの真後ろに大きなガラス食器戸棚か吊り戸棚を設ける。中を見られたくなければ板戸にする。

吊り戸棚の真下を収納庫に、その上を作業台にし、流しと背後の戸棚との間隔は約九〇センチメートルにするとよいと思う。これは人が無理なくすれ違えて、なおかつ流しから振り向いて半歩の距離である。

カウンターの上の吊り戸棚はキッチンと食堂の両方から使えるようにし、吊り戸棚の高さは使う人の身長に合わせる。収納についていうと、キッチンに押入れ大のスペースがあ

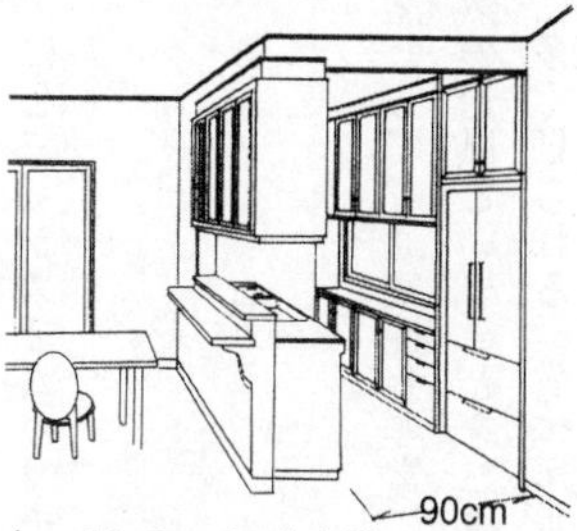

キッチンのレイアウト例

ると、さらに便利である。

キッチンの収納は、引き出しにする方が便利な場合もある。そのときは引き出しにガイドレール金具を付けると良い。

これらのことを可能にするには、システムキッチンよりオリジナルのオーダーキッチンの方が有利な場合があるようだ。イージーオーダーにして、システムキッチンと同じくらいの価格にできれば理想である。

9　高気密・高断熱の家にも自然の通風を

窓の役割を考えるとき、光を取り入れることは当然として、通気性も非常に重要である。しかし近頃は、空調設備が普及したせいか、自然の通風ということを二次的に考える方が増えているように思える。特に建築の専門家に多く見られる。省エネルギーの観点から、国を挙げて密閉住宅を奨励している時代だから、通気性を考える建築家は少数派なのかもしれない。

風通しのよい家というと、すき間風の入る昔の家を連想されるかもしれないが、そうではなく、部屋の窓の配置によって、自然の風が心地よく通り抜ける家を指す。もちろん、窓を閉めたときは、部屋の機能としてきっちり密閉されることは言うまでもないことだ。

我が家の庭にはコノテガシワという木があるが、先日、茂った葉の中のほうから枯れ始めた。近所の植木屋に相談すると、「このまま密集した枯れ木を放っておくと、木全体が枯れてしまう。枯れた枝をすき取って風通しをよくすれば緑の葉が再び蘇りますよ」と教えてくれた。葉が密集していると、風通しが悪くなり、蒸れて、植物は枯れてしまう。

ヒノキや杉を植林する場合も、苗木は密に植えても、成長したら間引きをする。そのままにしておくと、お互いの幹や枝が通気や採光の邪魔をして、根も幹も枝も充分に育たない。人手不足で間引きができず、台風や大雪で倒木してしまった山林の話を聞かれたことがあるだろう。

風は、植物にとって大事なものである。植物が吐き出した酸素を風が運んでくれるから、風は人間や動物にとっても大事なものである。自然の風は流れや速さが不連続で、温度も微妙に異なり、そのような刺激を与えてくれるところに心地よさの秘密がある。

室内の密閉と省エネルギーにだけ重点を置いた、温度調節中心の空調システムは、科学的とはいえない。一定の温度と一定の速さの風が、直接皮膚に当たるのは不快なものである。自然の風は、植物が作り出した酸素を私たちのもとに運んでくれる。このような自然の通風を考えた家づくりこそ、科学的と言えるのではないだろうか。

10 断熱効果もある障子を洋風の部屋に使う

障子は和風のたたずまいを思い起こさせるが、今日、障子は和風建築にばかり用いられているわけではない。壁に柱が隠れる大壁造りの洋室に障子を組み入れた住宅を、ときどき目にすることができる。東京・港区にあるホテルオークラのロビーは、広いスペース全体を和風に仕上げてある。窓側は床から上部まで障子を施し、ロビーの調度と相まって静かな落ち着いた雰囲気をかもし出している。

格子様のデザインの窓は日本特有のものではなく、西欧でも見ることができる。アメリカでも、障子風の格子を住まいに取り入れるスタイルは人気があるが、プラスチック系の素材が使われたりするところは、いかにもアメリカ的だ。

障子を日本のものと思いがちなのは、和紙を張っているからだろう。日本では、木と紙が古くから生活文化として発達した。といっても、和紙を張った障子の部屋が、必ずしも和風とは言い切れない。近頃、洋風の部屋に障子を採用する建築家が増えてきた。

A　アメリカでも格子の窓が使われている

B　洋間に障子を入れた例

私は以前から洋間の窓にカーテン代わりに障子を使う方法を取り入れている。カーテンは光をさえぎるので室内が暗くなりがちだが、障子越しの光は目にやさしく、ガラス戸より明るい印象さえある。デザイン的にもシックで引き締まった趣がある。

また、カーテンの場合、寒い時期、窓際の冷気がカーテンの裾から室内に絶え間なく流れ込むが、障子は敷居まで密着した建具なので、空気が閉じ込められ、冷気が足元に及ばない。それに紙は、微細な繊維の間に空気を抱え込む性質を持っていて、冬暖かく夏涼しい部屋を作るのにたいへん合理的にできている。

例えば、冬の寒い日、サッシのガラス窓の近くにいると、冷気が伝わってくる。サッシがペアガラスであっても、手や頬を近づければ、冷たい空気の流れが分かる。そこで、サッシの内側の障子を閉めると、ピタリと冷えた感じがなくなる。西日が入り込むサッシ窓の内側に障子があれば、強い日差しや熱を抑えてくれる。障子は優れた断熱材なのである。

洋間に障子を組み込むのは、現代的な感覚といえるだろう。

11　自然の通風で夏涼しく冬暖かい家を

夏の間クーラーをほとんど使わなくて済んだと、建築主から感謝されることがある。夏、涼しいのは、室内が無垢の木と漆喰でできているためでもあるようだが、風の通る設計も大切である。一年のうちにはどうしようもなく暑い日が何日かあるが、そんな日でも自然の風をうまく取り入れる設計がなされていれば、けっこう涼しく快適な生活が送れるものだ。

日本は、東西の風より南北から吹く風が多いので、二七二ページ図1のように南北に窓を開ければ、風は直線的に抜けてくれる。当たり前のことだが、案外北側に窓が設けられていない。設計段階で落としてしまったり、隣家を気にして遠慮したりするケースが見られる。そこで、押入れやクローゼットを配置するのが一般的なタイプである。

しかし北側が押入れや物入れで、東西に窓があると、南から入った風は突き当たりではね返るようにして左右の窓から出るので、風の通りはかなり悪くなる（図2）。こんな場合は図3のように、押入れの下に地窓を取り付けることをお勧めする。特に和室など低い位置に座って生活することが多い部屋には効率の良い方法である。

ところで北側にガラス窓があると、省エネ暖房住宅を進める観点から、冬はマイナスと思われがちだ。その解決策としては、二重サッシにして空気層を作る、ヒーターを北側窓際に設置するといった方法が考えられる。また、前に述べた障子は、冬暖かい部屋

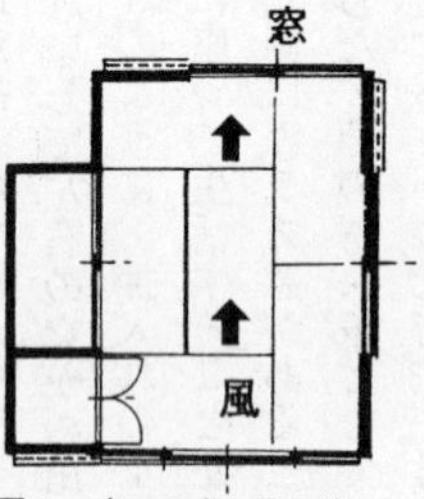

図1　南から北に風が抜ける

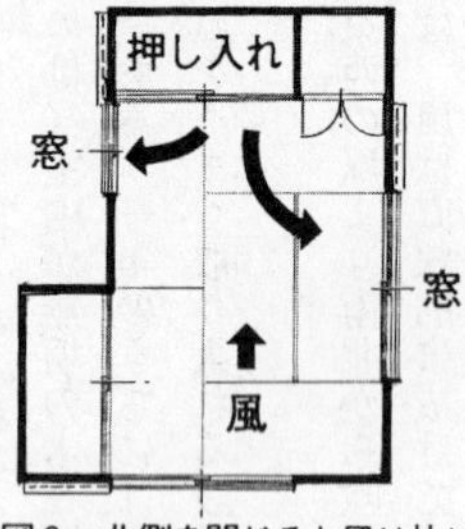

図2　北側を閉じると風は抜けない

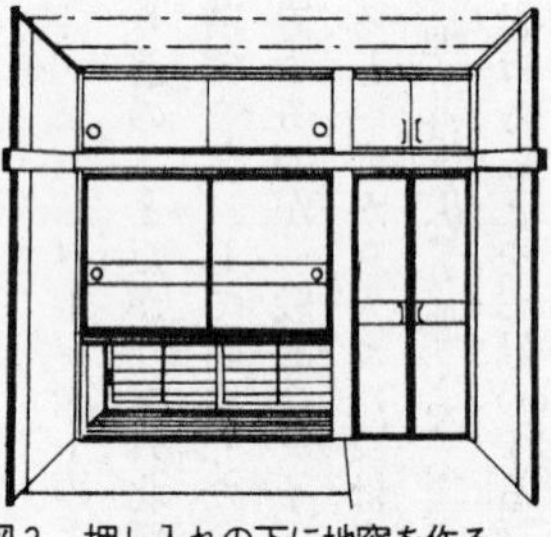
図3　押し入れの下に地窓を作る

を作るのに効果的である。

クーラーの備わった部屋でも風が通り抜けないと、息苦しく不快な思いをすることがある。夏涼しく冬暖かい快適な住まいを造る秘訣は、二重サッシを効果的に用いながら、風が南北に抜けるようにすること、そして地窓や欄間《らんま》窓を上手に設けることである。

夏涼しく、冬暖かい家の条件の一つは、断熱性が高いことである。そうでないと夏の暑い日差しが家の屋根や壁に当たってそのまま室内に伝わるし、冬はいくら暖房しても暖まらない。これでは困る。しかし、気密性、断熱性の高い家だからこそ、自然の採光や通風が大切なのである。光や風が通らず、空調に頼る家は、生き物である人間の健康に良いはずがない。

12　階段・玄関の手すりをひと工夫

手すりというと、まず階段の手すりが思い浮かぶ。家の中で一番危険な場所だからである。次に風呂場である。足元が滑りやすいので、手で持って体を支える手すりが必要だ。玄関も、思いのほか手すりがあると便利な所だ。お年寄りの家族がいる家では、トイレの手すりも検討すべきである。

まずは、階段の手すりについて考えてみる。図1のような回り階段の場合、内側に近い部分を歩きたがるのが普通だが、本来は、回り階段の壁面の大きい外側に手すりを付けたほうがよい。安全を考えるなら、両側に付けるとよいだろう。なお、回り階段の中間に、縦の手すりを付けると、実際に使ってみて便利である。

手すりの形は、板状のものよりは丸棒がよい。太さも、直径三二ミリ程度のものがよいだろう。太すぎても細すぎても握りにくい。材質はやはり木をお勧めする。無垢の木は感触がよく、冷たくない。プラスチックの物は、コーナー用の部材が揃っているので、一階から二階までの連続した手すりにする。

玄関の上り框の所には、写真Aのような手すりを付けるとよい。人は、靴を履いたり脱いだりするとき、ふらつくことが多い。また、靴べらを使って靴を履くときは、片方の手で手すりを握りたいものである。玄関の土間からホールへ上がる框近くの壁などに手を付いて体を支えたくなる。壁の汚れ防止のためにも、手すりは必要である。

写真Bは、手すりに加えて、靴を履くときに腰を下ろす台を備えた玄関である。これは、建築主の提案で作った。よく考えてあると思う。

写真Cは、デザインを重視した、手すりらしくない目立たない縦のタイプである。安

A　玄関の手すり

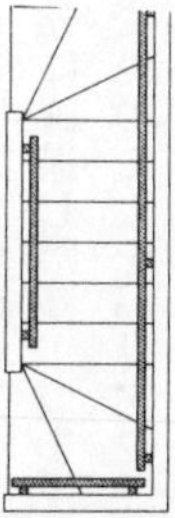

図1　回り階段の手すり

C　デザインを重視した手すり

B　腰を下ろす台もある玄関

全上、いくらか問題はあるが、階段の縦長の窓との調和を考えた結果こうなった。各手すりの長さを変えてあるのも面白い。

手すりは、縦か横かを決め付けないで、いろいろ工夫するのもよいと思う。取り付け位置は、住む方が実際に試してみて決めるとよい。使う人は手すりに頼って体重をかけるのだから、下地をしっかり入れて充分に安全なものにすることが、何よりも大切である。

13　トイレの手すりは高齢化対策の必需品

高齢化対策を施した住宅が研究されてきている。廊下や出入り口の幅を、車椅子が通れるように充分に確保したり、つまずかないように各部屋の敷居の段差をなくすなどの配慮をした住まいのことをバリアフリー住宅と呼んでいる。

玄関ホールでは、車椅子が上れるようにスロープを付けた板などを用意することがある。玄関の外のポーチでも、一部にスロープを付けたりする。ただし、スロープを歩くと滑りやすいので、車椅子専用にして、歩行用とは分けたほうがいい。別の階への移動のために、ホームエレベーターを取り付けるケースも増えている。また、階段昇降機なども普及し始めた。

要所要所に手すりを付けることも、高齢者への配慮の一つである。トイレの場合を考えてみよう。便器の種類は、大きく分けて三つある。まず、便座に腰をかける洋便器で、下水道の完備に伴う水洗化によって、今では大半がこのタイプになっている。

二番目は和便器で、少数ではあるが今も利用されている。好みや体調で、どうしてもこの形でなければという方もおられる。ただし、しゃがんで使用するため、立ち上がるときに立ちくらみなどが起こる心配があるから、手すりにつかまってゆっくり立ち上がったほうがよい。和便器に対応する手すりや取り付け位置を検討したい。三番目は男性用の小便器。小便器用の手すりなど、若くて健康

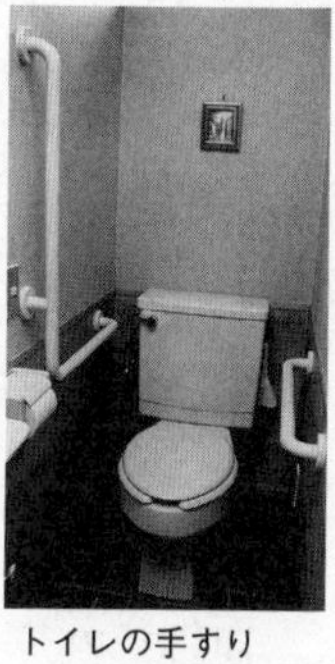

トイレの手すり

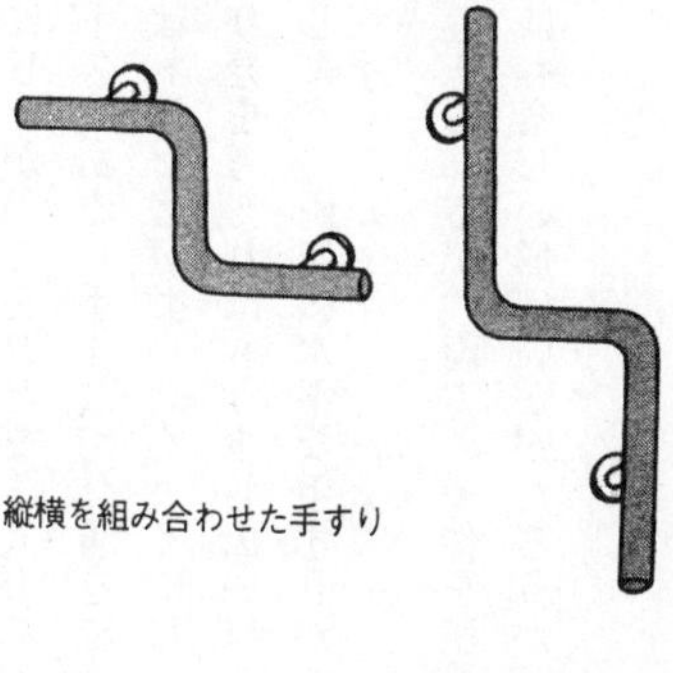

縦横を組み合わせた手すり

な人には考えもつかないかもしれないが、年を取るにしたがって必要となる人もある。

写真は、洋便器トイレの両側に手すりを付けたケースである。手すりで体重を支えるため、水平方向にも取り付けてある。壁の下地の木はネジなどがよく効くようにしっかりしたものにする。トイレの幅は、手すりの出っ張り分を考えればもう少し広いほうがよい。和式でも、手すりの必要な方にとっては、同じように両側に水平な手すりがあるとよい。

なお手すりは、水平に握るものと縦に握るものが考えられるが、両方の条件を満たすよう、図のように縦横を組み合わせた、デザイン的にも楽しい形はいかがだろうか。

14 バリアフリーで安全な浴室を

風呂場での事故は防ぎたい。そこで、設計上の注意点を挙げてみる。
①脱衣室と浴室の土間の段差をなくすか、少なくする。段差をなくすと、洗い場の水が脱衣室の中に入りやすくなるので、写真Aのように、浴室入り口に格子状になった排水口（グレーチング）を付ける。もう一つ、ヒノキのすのこを置く方法がある。土間をその分、下にしておく。この場合、すのこ洗いと乾燥に手がかかる。

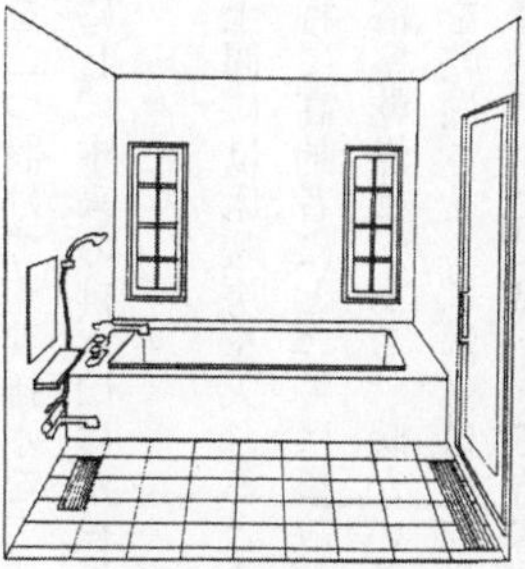

図1　土間排水を2カ所で行う　　A　浴室入口にグレーチングを付ける

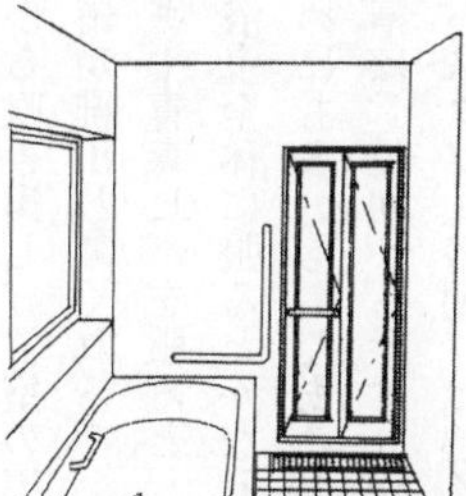

図2　手すりのある浴槽

る。

②排水口を二つ設けて土間排水を二カ所で行う。図1のように、入り口の排水口は補助的なものにし、本来の排水口は水栓近くに配置する。その排水口に向かって水勾配を取る。

③浴室の土間には床暖房を入れるとよい。裸になって急激に身体を冷やすのは健康上よくない。特に高齢者にとっては事故が起こりやすい場所である。浴室全体を暖める方法として、浴室乾燥機がある。暖かい温風が天井から吹き出し、浴室の天井パイプにかけた洗濯物を乾燥させる。湿気は、乾燥機の換気扇が排出してくれる。

④浴室の壁、天井に、温かくて結露しないヒノキや青森ヒバを張ると、冷えを少なくすることができる。タイルは熱伝導率が大きく、浴室全体に張るとかなり冷える。木は温かく調湿作用があり、結露しにくく、身体のためにもよいものである。

⑤浴室の手すりは、工夫する点が多い。まず浴槽は、最初から手すりが付いているものをお勧めする。横に寝るような、底が浅く長いバスタブ（浴槽）は起き上がりにくいので、図2のように両手でしっかり握れて、楽に立てる手すりが付いている浴槽を求めるとよい。手すりの付いていない浴槽の場合、すぐ近くの壁の、バスタブから起き上がるとき力がかかる所に手すりを取り付ける。さらに、浴槽の縁をまたぐときにつかまる手すりや、脱衣室から浴室に入るときの手すりなどが考えられる。

手すりだらけの浴室が必要なほど身体が弱っていれば、介護が要る。バリアフリーは車椅子で生活することを想定しているが、それだからいい家だというわけではない。何を必要とするかは、建主の考え方次第である。

15　念入りな湿気対策で快適な地下室を造る

地下室を造る際、最も注意しなければならないのが湿気対策である。地下室へ入り込む水への対策、コンクリート壁を通して浸透する湿気の防止など、解決しなければならない問題はたくさんある。

二八三ページ図1は、一般的な住宅の地下室の断面図、図2は、大規模建築物で施工される本格的な地下室の断面図である。

住宅の地下室は、あまりコストをかけられないことから、図2にあるようなピットを造らない場合が多い。しかし万全を期するなら、コンクリート壁や耐圧盤（ベース）から湿気や水が入り込んでくることを前提にして、水の溜まり場となるカマ場やピットを造って、水を排出するようにしておきたい。

地下室は、地下水と隣合わせなので、四方を囲むコンクリート壁自体が水気を帯びてくる。そこで室内側にブロックを積み上げて、コンクリート壁との間に空間層を作る方法がある。室内はブロック分だけ狭くなる。万が一浸入した水はピットに流れるが、室内はかなり湿度が高くなる。

また最も地下水が浸入しやすいのは、壁と耐圧盤との境に当たる部分である（図3のイ）。そこで、止水板と呼ばれるゴム板を縦に使って仕切り、水の浸入を食い止めるとよい。

壁のクラック（細い線状のひび割れ）などからの水の浸入を防ぐためには、普通、壁の外面に防水処理を施す。それでも耐圧盤からの湿気は防げない。耐圧盤には直接、地下水圧がかかるので、コンクリートは相当の水分を含むことになる。耐圧盤の下面（図3のロ）を完璧に防水するのは技術的に非常に難しいため、地下室が湿っぽくなってしまうのだ。

そこで考えられるのが、図4のように、室内側のコンクリートの壁と床のすべてに防水処理を施す方法である。手間はかかるが、実際にこの方法で防水した地下室は、カラッと乾いた感じがする。地下室を造る場合には、地下室の外壁だけでなく、室内側も防水することを提案したい。

いずれにしても、地下室を造ろうと思ったら、相応の予算を立てて、しっかりした業

図1　一般的な住宅の地下室

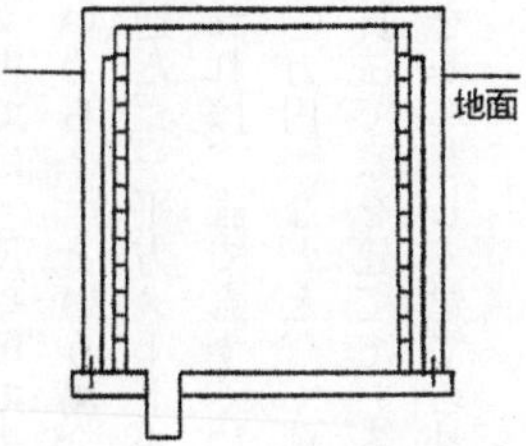

図2　大規模建築物の地下室

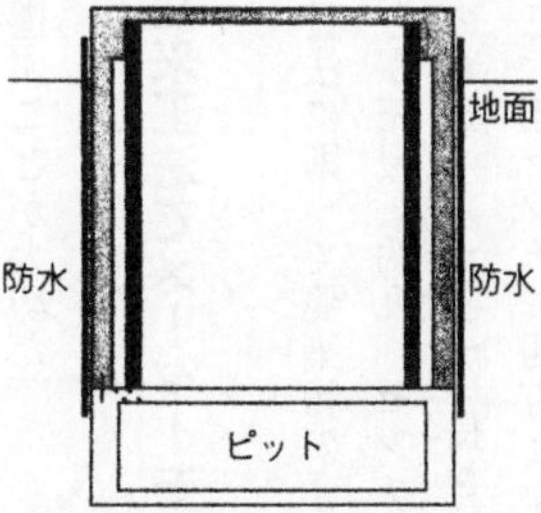

図3　地下室の防水処理

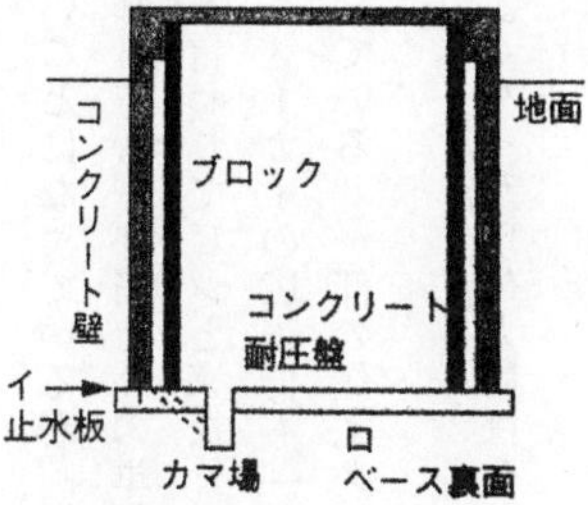

図4　室内側の防水処理

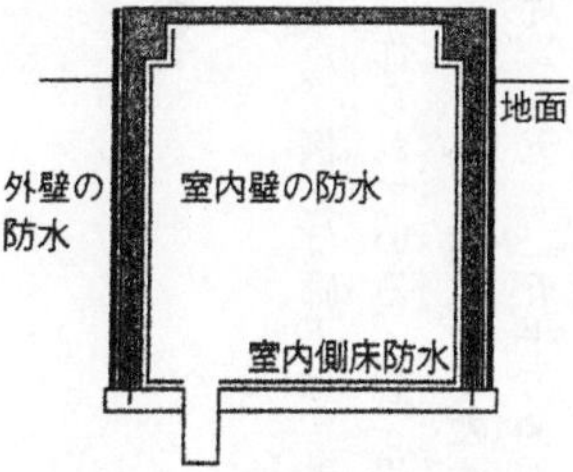

者や設計者を選ぶことが大切だ。

16 木造在来工法でメーターモジュールの家を

日本では尺貫法に則って建築物の寸法が計られてきた。例えば廊下は、壁や柱の芯から芯までの長さが三尺（約九一センチ）になるように作られている。畳一畳の大きさは幅三尺（半間・約九一センチ）、長さは六尺（一間・約一八二センチ）だから、八畳の部屋は二間（三六四センチ）四方となり、広さは四坪（一三・二五平方メートル）となる。

新聞や公の文書では、尺や坪で表示してはならないことになっているが、通常の会話で「建築費はいくら？」という場合、聞く方も聞かれる方も一坪当たりの単価を想定しているのが普通だ。一平方メートルあたり一八万円と言われてピンと来なくても、坪六〇万円と言われれば、誰でもすぐに理解できる。住宅メーカーの広告でも「三・三平方メートル　〇〇万円」などと、一坪の値段が表示されている。一部の住宅メーカーを除いて、今も尺貫法で家を建てているのが現状だ。

ところが尺を基準として建てられた家は、体格がよくなった現代人には合わなくなった。例えば廊下の場合、芯と芯との間の幅が九一センチでも、壁の厚みを引くと実際はもっと狭い。和室の鴨居の高さは、五尺八寸が基準だから、背の高い人はかがまないと出入りできない。そこで、住宅の寸法の基本単位を、尺貫法ではなく一メートルを基準にしようというのが「メーターモジュール」の考え方である。図1のように廊下の幅を芯芯一メートルにすれば、すれ違うとき楽だし、将来、車椅子も使える。障子や襖の高さも二メートルだと、今の人の身長にふさわしい。

しかし、メーターモジュールで施工するのは容易ではない。一例を挙げると、一般のアルミサッシは尺貫法で作られている。図2のように六尺幅の窓枠に合わせてあるから、窓を幅二メートルにしたくても、そんな規格の

図1

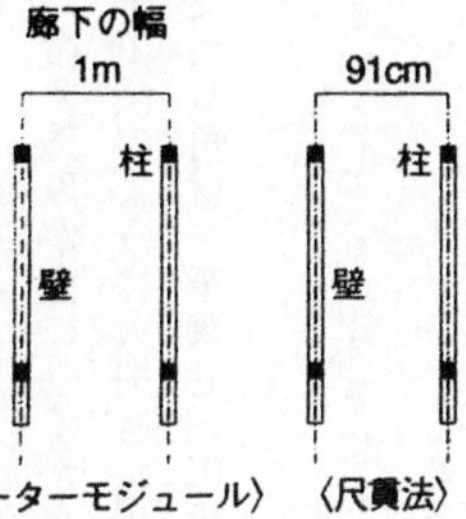

図2

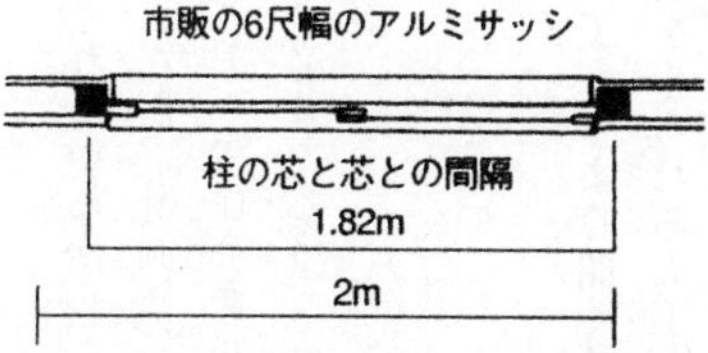

アルミサッシもメーターモジュールには合わない

サッシはないと言われる。土台や柱なども尺貫法で製材されているから、メーターモジュールで建築するのは難しい。木造軸組工法は優れた工法だが、計測法については大いに改善の余地がある。早急に規格を改め、メーターモジュールで住宅が建つようにしたいものだ。そのためには建築業界全体の意識変革と協力が必要だろう。

17 コンクリート住宅が底冷えする理由

コンクリート住宅内部の木工事（造作工事）をする大工からよく聞く話だが、冬場、仕事をしていると、床や壁のコンクリートの冷えで、腰をやられる大工が多いそうだ。芯から冷えるためだ。冷えが身体によくないことは、ご存じの通りである。

コンクリート住宅は一般に、コンクリート下地の上にモルタルを流して水平の床を作り、その上に直接、床材を張り付ける。コンクリートの冷え込みが直に効くからたまらない。図1がその工法である。できれば図2の木造在来工法のように大引き《おおび》（根太を支える横木）を敷いて根太（大引きと床板の間で床板を支える角材）を乗せ、床板を敷くことをお勧めする。

前から述べているように、コンクリートは、人が住まいとして利用するには健康上、

図1　一般の床

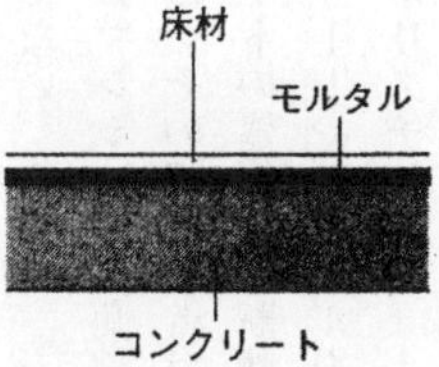

図2　改善例

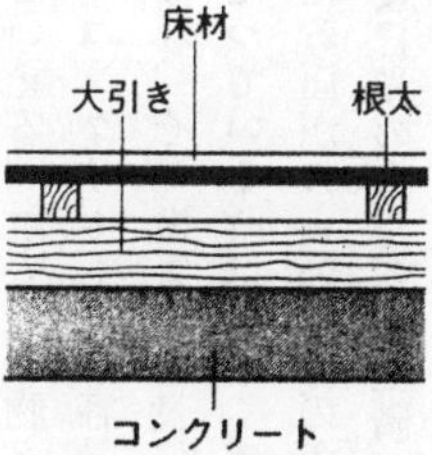

図3　一般の壁面

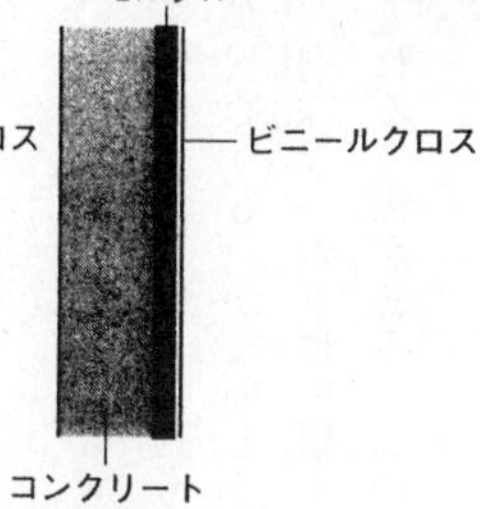

図4　改善例

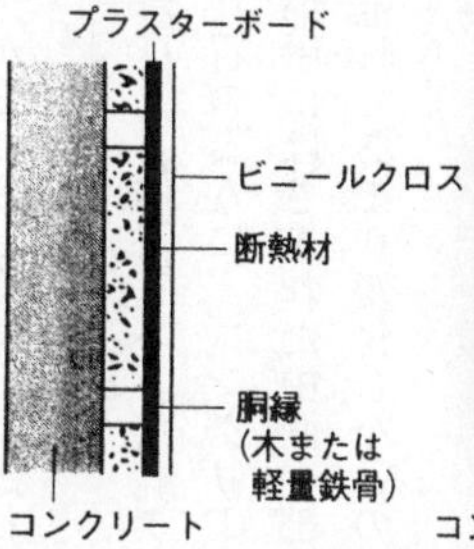

不適当な素材といえる。耐火建築物としては優れているが、個人の住まいに使う場合には問題がある。コンクリートは熱容量が大きいため、冬は冷たい外気を吸い込んで氷のように冷たくなり、その冷気を大量に抱え込んでしまう。ストーブやエアコンで暖めても、温風が当たっている所は暖かく感じるが、足元からの冷えは身心に伝わる。外気に接し、風が当たる面が大きい北東の角部屋などは、特に冷え込む。

夏場は、直接日光の当たる最上階や西向きの部屋は、夜になっても涼しくならない。実に寝苦しいものだが、それはサウナ風呂の焼けた石のように、コンクリートが熱気を大量に吐き出すからである。それに対して部屋と部屋にはさまれた中間の部屋は、温度の影響を受けにくく、また、一度適温になると安定してあまり変化しないので、住み心地はさほど悪くない。

私の事務所はマンションの角部屋にあるので、冬、エアコンで暖めても底冷えし、かなり不快である。その部屋の壁は図3のようになっていて、決してよい作りとはいえない。コンクリートの建物は外断熱にすると良いのだが、そうもいかないときは図4のように、コンクリートやモルタルを室内に露出させず、胴縁《どうぶち》などの下地を組んで空気層を作り、さらにポリスチレンフォームなどの断熱材を入れる方策がある。このようにすると、冷え込みと結露を防ぐことができる。

18 コンクリートの建物の中にこそ自然の木を使う

商業地域や防災地域では、鉄筋コンクリートや鉄骨造りによる耐火建築物が要求される。マンションや公団住宅の中高層共同住宅なども、同様な建築物であり、木の家に住みたいと思っても、そうはならない場合がしばしばある。住まいを休息の場、人生の三分の一といわれる睡眠の場と考えると、安らぎが与えられる健康的なものでなくては困るであろう。

これまでも述べてきたように、鉄やコンクリートは健康によくないといえる。鉄は熱伝導率が高いため、接する空気を冷やし、そばにいる人の熱を奪う。コンクリート住宅は、たとえると水で造った建物みたいなもので、コンクリートの水分が抜けるまでに二年から長ければ七年くらいはかかるといわれている。長い間、湿気の多い状態が続く。また、熱容量が大きいので、寒いときはとことん冷え込むし、夏の暑い太陽に照らされると、徹底的に熱を取り込むのである。鉄もコンクリートも結露しやすく、湿度の調整は不可能である。そこで、なんらかの事情でこのような建物の中に居を構える場合は、内装に「本物の木」を使うことをおすすめしたい。

自然の木はなぜ健康によいのか、お考えになったことがあるだろうか？　まず、触って冷たくない。これは身体の熱を奪わない、体温が冷やされないということである。木は、細胞の中に空気を取り込んでいるため、熱伝導率が小さく、優れた断熱材なので、触って温かく感じる。タイル張りの浴室やコンクリートの土間などは、芯から冷える。健康を考えるならば、身近に温かいものを使うことだ。だから、壁や天井に本物の木を張るのである。

また、木は湿気を調整してくれる。極度の湿気も健康によくないし、極端な乾燥も風邪などを引きやすくする。木は、湿気が多いときには吸ってくれて、周りの空気が乾くと吐き出してくれる。加えて、木は心地よい響き

内部に無垢材を使ったコンクリート住宅

鉄筋コンクリートの地下室の内部

を与えてくれる。四方コンクリートや鉄板に囲まれた部屋では、音が反射して、話が聞きにくいものだが、木は適度に音を吸収し、響いてくれる。

このように、鉄やコンクリート住宅の内部にこそ、自然の木、無垢材を使うことが、快適な室内空間を作る知恵といえる。

19　病院や老人ホームの内装は青森ヒバと漆喰で

今日の建築では事務所、マンションばかりでなく、病院、医院や老人ホームなどの壁や天井まで、内部の仕上げはほとんどが白い塗装か、ビニールクロス張りだ。通院の機会があったら、気に留めてみてほしい。

私も二〇年ほど前は、ビニールクロスを使っていた。素敵な柄が豊富に揃い、壁に張ると実に見栄えがよく思えたからである。

ところが、接着剤のせいか、目がチカチカしたり、ビニールの臭いが気になったりした。それが最近問題になってきて、糊やクロスの改良が始まっていることはご存じと思う。

二九二ページの写真は、私が手掛けた個人病院の待合室と受付周りの壁の仕上げである。壁には漆喰を塗り、羽目板は青森ヒバである。カウンターはナラ、床には無垢のカリンを採用し、温かい感じを出している。木の香りに慣れている私でさえ、完成後、玄関に立って青森ヒバの香りがあまりにも素晴らしいのに驚いてしまった。

さまざまな病気を抱えた人が集まる病院では、院内感染が起きやすく、また、ビニールクロスや塗料などに含まれている化学物質に過敏な人もやって来る。家のビニールクロスでシックハウス症候群になった人が、病院に来て同じ内装を見たとしたら、相当不安を覚えることだろう。だから、病院だけではなく、老人ホームや保育園など、体を気づかう人々が集まる所にこそ、抗菌効果や殺菌力があり、身体にもやさしい青森ヒバなどの無垢

A　無垢の木と漆喰を使った病院の受付

B　無垢の木と漆喰を使った治療室

材を使うのが理想的といえる。また木の香りには、精神安定作用があることも知られている。

一方、漆喰は、五〇〇〇年も前から世界中で愛されてきたもので、壁画の下地は漆喰である。耐火性に優れ、無臭で、湿度の調節もしてくれる。ビニールクロスのように静電気が発生することもないから、埃も吸着しにくい。自然素材である漆喰は健康に良く、空気中の毒素を消す作用があることも考えられる。

これからの時代、病院や保育園、老人ホームなどの内装にこそ、青森ヒバなど無垢材と漆喰を取り入れることが求められていると思う。

20　断熱材の種類と火災時の安全性について

パイプオルガン製作者として世界的に有名なT氏邸が火災に遭った。そのときにいただいた手紙の一文である。「国内産木材と漆喰壁、鉄板屋根が主材料でした。大量に使っておりました断熱材は、全て不燃性のガラスでできたグラスウールでしたので、プラスチック等からの有害ガス発生は最小限に止められたと思っております」とある。火事のお見舞いにうかがって、現場を見せていただき、驚いた。半日も燃え続けたそうだが、太い柱は何ともなく、梁の表面が黒く焦げていた程度である。屋根の裏一面にグラスウールが張ってあり、それが火を止めていたようである。半日もくすぶり続けて、火は外に抜けなかったのである。グラスウールも人助けをするのである。グラスウールを一方的に悪者扱いしている本が売れているようだが、必ずしも正しくないことを知っていただければと思う。

よく使われている断熱材は、大きく二種類に分けられる。グラスウール、ロックウールのような繊維系のもの（写真A）と、ウレタンフォームやポリスチレンフォームのような発泡プラスチック系のもの（写真B）である。発泡プラスチック系の断熱材は、魚を氷漬けにするときの保冷ボックスなどと同様の

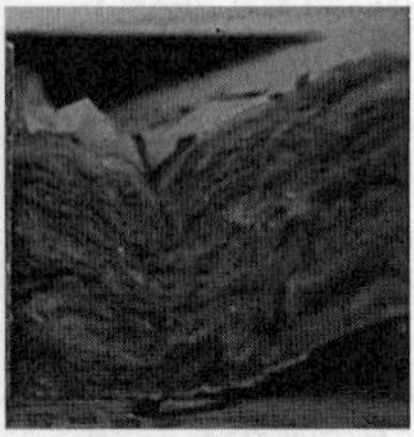

A　繊維系の断熱材

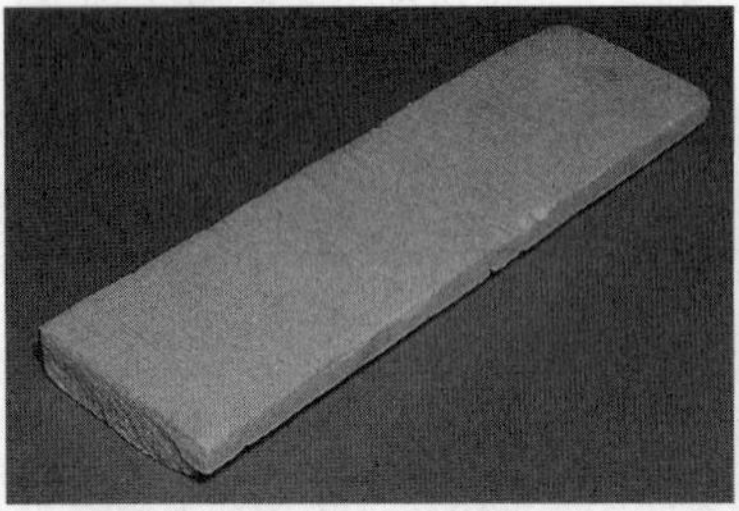

B　発泡プラスチック系の断熱材

材質で、熱を伝えにくい。軽くて硬質の板状なので、カッターで切ることができ、作業性にも優れている。外断熱工法による断熱材として、多く使われている。しかし、発泡プラスチック系の断熱材は石油化学製品である。火災時に燃え出したら有害ガス発生の心配もある。安全性を考えると、壁、天井をこうした断熱材で覆うことにはためらいがある。

発泡プラスチック系断熱材を信奉する人は、グラスウールやロックウールといった繊維系のものは水を吸い込んで結露の原因になると言う。だが、それは一概に正しいとは言えない。前にも述べたように、結露の問題は、今の家が調湿性のない石油建材でできていることにあるのだ。

最近は、繊維系と発泡プラスチック系に加えて、ココヤシや炭化コルクなど、天然系の断熱材が使われるようになってきた。私は無垢の桐を断熱材として使うことを試みている。安全な自然の素材を求めることは時代の趨勢であり、断熱材も例外ではない。

21　自然素材の家に二四時間換気は必要ない

いい家とはどんな家か。これは大変難しい問題である。品確法に基づく住宅性能表示制度では、省エネ、高気密、高断熱の家を「品質の高い家」の条件の一つとしている。それに加えて、二四時間換気扇を回し続けることで、さらにいい家になるのだろうか。住宅メーカーも、二四時間換気システム付きの家を健康住宅として売り出し、宣伝している。それが高気密、高断熱の省エネ住宅である。

高気密の家は、たいてい石油建材で作られている。接着剤や塗料から発生する有毒ガスが充満しやすい。不健康で危険な家である。そこで換気が必要になってくる。室内から常に揮発性ガスが発生しているので、それこそ二四時間、換気し続けなければいけないだろう。健康住宅どころか、自ら危険な住宅であると認めているようなものである。ただし、気密性、断熱性の高い家そのものが悪いわけではない。家を危険なものにしないためには、家を自然素材で建てることが重要なのである。

窓の小さい密閉型の建物にして、二四時間換気扇を回せば省エネになると言う人がいる。密閉型の建物なら冷暖房にかかるコストを削減できるし、換気扇を回すのに必要な電力は大したことがないから、省エネになるというわけである。しかし、日本中の家が二四時間換気扇を回すようになったら、その電力消費量は膨大なものになってしまう。

九〇歳近くになる、あるご老人が、空調のよく効いた大きな病院に入院した。ひっきりなしに喉が渇いて、水をよく飲んだ。また、息が苦しいと言って、酸素ボンベの酸素を吸っていた。家に帰りたいと思い、風通しのよい自宅に戻ったら、それほど喉が渇かなくなり、水を求める回数が極端に少なくなった。酸素ボンベもほとんど使わなくなった。

ダクトから出てくる病院の空気は、電気で温度調節しているので乾燥しやすい。病院内を循環しているので、炭酸ガスの割合が多くなる。病院の空調については仕方がないといえるが、それと同じような二四時間換気システムを住宅に使う必要はない。自然素材を使い、自然の通風や採光を考えた家こそが健康住宅なのである。

22　床暖房は借金してでも入れる価値がある

新築された方から、床暖房を入れて本当に良かったという声をよく聞く。私自身もそう思っている一人だ。気分は猫である。風は吹かない。当たり前であるが、足元から暖められるので足が冷えない。それだけでなく、部屋全体が暖まるのだ。冬でも春のような気分になる。どんなに寒い日でも、ここ一〇年近くエアコンの暖房をほとんどしたことがないのだ。燃費もそれほど負担にならない。工事費はそれなりにかかるが、借金をしてでも床暖房を入れることをお勧めしたい。

さて、種類であるが、大きく分けると電気式と温水式とがある。電気式は温水式よりも燃費がかかるが、部屋ごとにスイッチが付けられるので、こまめに消すことで節約できる。主な利点は、すぐに暖まることだ。電気式の場合、床に水をこぼしたときのことを心配する方もあるが、私が施工した例では、このことが問題になったことはない。

温水式の床暖房には、三つの方法がある。一つは直径七ミリほどのポリエチレンの管を配管し、湯を通す方法である（写真A・写真B右）。床面への熱伝達は、アルミの板でする。比較的早く暖まるが、冷えるのも早い。工事期間は短く、費用も高くない。規格サイズのパネルを敷くため、暖房が入らない個所ができるが、部屋全体が暖まるので、さほど問題はない。

二つ目は銅管を床下に配管する方法で、銅管はコルクの中に埋設されている（写真C）。自然素材しか使われていないので安心である。床面への熱の伝達法は、銅の板を銅管にかぶせ、床面への熱の伝達をしている。コルクは熱容量が小さく、蓄熱する力はほとんどないから、早く暖まり、早く冷めることになる。部屋全体に銅管を敷き込むので、冷たい所はできにくい。銅管が七ミリより太いので、湯量が多く、温度を低く設定できる。

三つ目は、蛇行する太い銅管（写真B左）を床一面に敷く方法である（写真D）。下

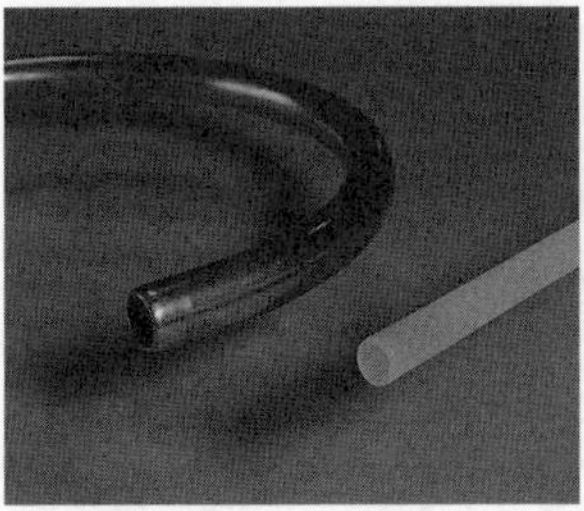

B　銅管（左）とポリエチレン管（右）

A　ポリエチレン管を使う方法

D　蛇行する太い銅管を敷く方法

C　コルクに銅管を埋設する方法

は砂セメントで固めて、冷えにくくしてある。水を使うため工期が長くなり、費用もかかるが、湯量が多く低温暖房になる。オンドルのようにコンクリートを暖めるため、本格的に暖かくなるまでに三〇分ほどかかるが、一度暖まると翌日の朝まで暖かさが残ると喜ばれている。

23 無垢材を楽しむ心を大事にしたい

今の建築は、見た目の美しさや仕上げのきれいさに主眼が置かれ、寸分の狂いがなく、几帳面に仕上がっているのが良い建築と評価される。だがある大工さんは、「プレハブ住宅は、建てたときが一番きれいで、時間がたつに連れて汚く見苦しくなる」と言っていた。「日本の建築は、年を経るほど味わいや美しさが出てくる」とも。ベニヤに薄板を張った突き板は、均一的な美しさはあるが、味わいが乏しい。味わいとは、不揃いの個性ともいえるだろうか。

無垢の木は、同種類であっても、柱の一本、板の一枚に、同じものはない。木目や木の収縮が異なり、厚みも変化し、完全な柾目でない限り、時間の経過と共に反りが生じる。その一枚一枚の反りに味わいがあり、無垢の木を実感させてくれるのである。

また無垢の柱は、風雪や日光にさらされ、湿気と乾燥を繰り返すうちに、ひび割れが発生することがある。写真Aの門柱はケヤキの無垢だ。由緒ある寺で、相当にお金をかけているが、見て分かるようなひび割れが入っている（写真B）。芯持ち材の丸太を使った場合、このようなクラック（ひび割れ）が入る。太木の中心まで「背割り」という切り込みを入れて、ひび割れを少なくする方法もある。とにかく、これで何百年も建ち続けるのである。もし、張り物の板なら、初めはきれいだが、しばらくしたら剝がれてきて見られたものではない。

無垢の木は、どれ一つとして同じものはない。人に個性があるように、無垢の木にもそれぞれの個性があり、それが本物ならではの

A　無垢のケヤキの門柱

B　ひび割れが見える

存在感と深い味わいを生み出している。

無垢の木は、張り物の合板より二～三倍高くつく。その上、反ったり割れたり縮んだりして、扱いにくい。それでも「無垢が好きだ」という人に、私はものを見る目の確かさを感じる。生きた木や職人の仕事に四角四面な完全を求めたら、がっかりする場合もときにはある。

自然の価値はそれぞれの人の取りようで、無垢を愛する人によって、その木は輝くし、そういった人の家は、価値あるものになるだろう。

24　長く住み継がれる文化財的家づくりを目指して

これまでにたくさんの家を建てさせていただいたが、多くの建築主が、「住み心地がいい」「快適な家」と言ってくださる。これは、無垢の木と漆喰をはじめとする自然素材の力のおかげである。

文化財というと、法隆寺など歴史のある貴重な建造物が思い浮かぶ。後世の人がいい建物だとその価値を認めてくれれば、文化財となる。家づくりも同じである。今の流行の建物が、今後も末永く生き延びるものなのか、疑問を感じる。

合板や木片を接着剤で固めた新建材、ポリウレタン、ポリスチレンなど石油化学製品が蔓延する時代、マスコミも頻繁にシックハウス症候群の原因が接着剤や塗料などに含まれる化学物質にあると報じているにもかかわらず、建材メーカーは相変わらずそんな建材を生産販売し続けている。住宅メーカーも、ホルムアルデヒドなど大きな問題になった物質を、害の少ないものに代えることで「安心です」と言っている。

このような時代の流れに対して、無垢の木、漆喰、石、タイルなど、自然素材を用いた、真に人にやさしい家づくりが、もう一つの大きな流れであると、私は思う。無垢材、自然素材の利用は、文化財的家づくりの原点である。木もヒノキ、松、杉、青森ヒバ、ナラ、タモなど、さまざまな種類を適材適所に使っていくことが大切ではないだろうか。

本当に「いい家」とは、建築主に満足を与えるだけでなく、普遍的な価値を持つものではないだろうか。そうした価値ある家を、普通の人が少し努力すれば手の届く価格で建てられるようになれば、多くの人々に喜ばれ、社会に貢献することになるだろう。そのために力を尽くしたい。

二一世紀は、自然との調和の世紀になってほしいし、そうならなくてはいけない。そのためにも、正しい意味での文化財的家づくりが、大きな意義を持つ。建てた家が一〇

床と建具はチーク、壁は漆喰

柱はヒノキの5寸角、床柱は紫檀、
天井には秋田杉を張った和室

床はヒノキ、敷
台と上がり框は
カリン、建具は
タモや桐で

〇年、二〇〇年と歳月を重ねてこそ、素晴らしい建築といえるのである。次の世代に住み継がれる家づくりは、建てた人の誇りとなり、住む人に心の豊かさや安らぎ、喜びや愉しみを感じさせてくれることだろう。

あとがき

自宅近くの建築中の現場を通りかかった時、異様な臭いがした。接着剤を使った建材から発するものである。住宅展示場に行って、モデルハウスに入って案内されている時、臭いで気持ちが悪くて居られないという方の話を時々聞いていたが、私はそれ程感じる事はなかった。しかし、今回の刺激臭には驚いた。妻も連れて行った。臭いで頭が痛くなるという。私と同じである。その建築現場の残材置場から、その建材を特定できた。建てている建設会社も、それを販売する不動産会社も、知名度の高い会社と言える。

いったい、このような家に人が住む事ができるのだろうか。一生を賭けた支払いをして、病気になり、住めなくなる。これが、犯罪でなくして何なのか。これが、平成二一年八月の話である。

二四時間換気扇を廻しても、この臭気を消す事はとうていできそうもない。すべての新建材の家にこのように臭気がある訳ではないが、臭いが少なければ安全ということでもない。これが、接着剤への対策をしたシックハウス法が施行されて六年も経っている現在の状況なのである。

シックハウスにならない家に住む方法は、実に簡単である。まず、柱・土台・梁など構造材から杉や檜、松など無垢の木を使うことである。次に室内の仕上げ材も、できるだけ自然素材を使い、家具も、無垢の木を使っていく事である。これは、この本の中で何回も述べている。

興味深いことには、大分県の日田で杉の板材を製造販売している人によると、杉の人工乾燥材には化学物質過敏症の人は反応して違和感を感じるが、自然乾燥材にはそれがなく、その杉板を壁に張った室内では、安心して住めるという。高温で急速に杉の木を乾燥させると、杉の良い成分が消え、悪い成分が残るからだという。

一方、ゆっくりとした時間の流れの中で、自然に乾燥していくと、悪い成分が抜けて行き、杉の香りや、樹脂分が残り、人に優しい木となるのであろう。

品確法等で、高気密・高断熱化を進めている。そして、二四時間換気扇を取り付けさせる法律を作り、結果的に、接着剤づけの建材会社を支援している。それが、国民を苦しめることになっている。

このような法律を作った人々の無責任さに驚いてしまう。

この本が平成一四年に出版されて、警鐘を鳴らしたのにもかかわらずこの結果である。

求められているのは、国民一人ひとりが、健康で安全な家の為に、日本の杉、檜、松を大いに使っていく事である。特に杉材は大量にあり、使い方も多様である。もともと無垢の木と漆喰の関わりは私のこだわりと感性からであり、それが住む人の健康にいかに良いかは、後から分かったことである。

漆喰は、住まいの建築に、あるきっかけで使うようになった。その結果、室内の空気がとても爽やかで、驚くほど快適な住環境ができるということを、実際に住まわれた建築主の方々から、数多く聞かされた。今回、はからずも、我々が恩恵を受けている漆喰がどの様に作られているのか、その生産現場を是非見たいと思い、栃木県佐野にある、漆喰の原料が採れる鉱山と工場を見に行って驚いた。山から採り出した灰色の岩、つまり石灰岩を、直径三m、高さ一〇mに及ぶ大きな筒状の炉の中にコークスと一緒に積み上げ、筒の中の上昇気流を利用して、高温で熱していたのである。一週間後に筒の下から抜き出すと、灰色の石灰岩が真っ白くなっている。これが漆喰の元になる生石灰であり、江戸時代から続く製造法なのである。石灰岩という堅く重い石を手のひらに乗せてながめながら、火をつけても燃えないものを、どうして、ものすごい火力をもってして焼き続けようとしたのか、人類の知恵の不思議さを感じた。

人は漆喰を白い壁の仕上げ材とか、絵を描く下地材として、五〇〇〇年前から使い続けている。京都の古い社寺の中で育ってこられたある方は、漆喰は、世界一の壁材と言われた。まさしく、慧眼と言える。

もう一つ驚いたことは、セメント用の石灰岩は無尽蔵にあるのに、漆喰に適した石灰岩が採れる山は非常に少ないことである。日本の金山や銀山が採り尽くされ、廃鉱となったように、有限なのである。

自然素材である無垢の木と漆喰には、ここ数年、関心が高まってきたように思われる。しかしながら、自然素材を扱うには、伝統的な技術が必要となる。

無垢の木を扱う大工の技術は、職人技の裏付けが必要であり、漆喰壁を創る左官の技術も伝統的に引き継がれているものである。

これこそが文化であり、人が大切にすべきものと思う。日本人の伝承技術と言える檜や杉を使った木工技術や、漆喰の今なお世界で使われている左官の技法など、これらのすぐれた伝統的な技術は、人類の知恵として、後世に伝えられてこそ意味があると思う。

二〇〇九年一〇月二二日

神崎隆洋

単行本　二〇〇二年八月　ダイヤモンド社刊

文春文庫

いい家《いえ》は無垢《むく》の木《き》と漆喰《しつくい》で建《た》てる

定価はカバーに表示してあります

2009年12月10日　第1刷
2020年11月5日　第9刷

著　者　神﨑隆洋《かんざきたかひろ》
発行者　花田朋子
発行所　株式会社　文藝春秋

東京都千代田区紀尾井町3-23　〒102-8008
TEL　03・3265・1211㈹
文藝春秋ホームページ　http://www.bunshun.co.jp

落丁、乱丁本は、お手数ですが小社製作部宛お送り下さい。送料小社負担でお取替致します。

印刷・図書印刷　製本・加藤製本

Printed in Japan
ISBN978-4-16-777324-3

（　）内は解説者。品切の節はご容赦下さい。

悩むが花
伊集院静

「究極のエロソングを作りたいのです」という歌手の桑田佳祐さんも……。「悩んだことがありません」という作家の桐野夏生さんも……。あなたの相談に、伊集院静さんが答えます。

い-26-23

人生なんてわからぬことだらけで死んでしまう、それでいい。 悩むが花
伊集院静

週刊文春好評連載「悩むが花」第二弾！　「ちまちま言ってないで街に出ろ」。読者の悩みに時に親身に時に厳しく回答する伊集院氏の言葉を読むうちに、不思議と元気が出てくる一冊。

い-26-24

女と男の品格。 悩むが花
伊集院静

「女を舐めとると、命取られるよ」「男の本性は失敗することで見えてくる」——世の中、男女のことは兎角、謎ばかり。あらゆる悩みに答えます。週刊文春の大人気連載より厳選。

い-26-25

「半沢直樹」で経済がわかる！
池井戸潤・櫻沢健

裁量臨店、不渡り、信用格付……経済・金融用語を理解すると驚くほど社会の仕組みがわかる。「半沢直樹」のあの名場面に隠された意味とは!?　半沢ワールドを二度楽しめる本。

い-64-51

子どもは判ってくれない
内田樹《たつる》

正しい意見を言ったからといって、人は聞いてくれるわけじゃない。大切なのは、「その言葉が聞き手に届いて、そこから何かが始まる」こと。そんな大人の対話法と思考を伝授！　（橋本　治）

う-19-1

邪悪なものの鎮め方
内田樹

霊的体験とのつきあい方から記号的殺人の呪い、災厄の芽を摘む仕事の方法まで——。「どうしていいかわからないときに、正しい選択をする」ための知恵の詰まった一冊。　（名越康文）

う-19-15

内田樹による内田樹
内田樹

百冊を超える著書・翻訳書の中から『ためらいの倫理学』などを取り上げた、著者による自作解説の講義を元に生まれた新たな思考へと飛翔する一冊。巻末に著書・翻訳書リストを収録。

う-19-23

（　）内は解説者。品切の節はご容赦下さい。

大前研一
質問する力
年金、郵政民営化、八五年以降の世界情勢の変化、教育など諸問題を鋭い視点でとらえ「質問する力」こそが人生やビジネスにとって最大の武器になると説く。ビジネスマン必読！（堤　堯）
お-35-1

川村元気
仕事。
山田洋次、沢木耕太郎、杉本博司、倉本聰、秋元康、宮崎駿、糸井重里、篠山紀信、谷川俊太郎、鈴木敏夫、横尾忠則、坂本龍一――12人の巨匠に学ぶ、仕事で人生を面白くする力。

か-75-2

木田　元
哲学散歩
著者が惹かれてやまない性格最悪のハイデガーなど、古代ギリシャ哲学から20世紀現代思想迄の代表的な哲学者の思想とエピソードを、自身の哲学体験を交えながら紹介。（保坂和志）
き-45-1

佐藤　優
交渉術
酒、性欲、カネ、地位――人間の欲望を分析し、交渉の技法を磨け。インテリジェンスのプロが明かす外交回顧録にして、ビジネスマンの実用書。「東日本大震災と交渉術」を増補。

さ-52-2

ちきりん
未来の働き方を考えよう
人生は二回、生きられる
先の見えない定年延長が囁かれる中ホントに20代で選んだ仕事を70代まで続けるの？　月間200万PVを誇る人気ブロガーが説く「人生を2回生きる」働き方。（柳川範之）
ち-7-1

出町　譲
清貧と復興
土光敏夫100の言葉
国家再建に命を懸けた男「メザシの土光さん」の至言が現代に甦る。「自分の火種は、自分で火をつけよ」「個人は質素に、社会は豊かに」「社員は三倍、重役は一〇倍働け」。（末延吉正）
て-10-1

丹羽宇一郎
人は仕事で磨かれる
清廉・異能・決断力……四千億円の不良資産を一括処理、翌年には伊藤忠商事史上最高益（当時）を計上して世間を瞠目させた経営トップが、その経営理念のすべてをここに明かした！

に-15-2

（　）内は解説者。品切の節はご容赦下さい。

羽生善治
羽生善治　闘う頭脳
ビジネスに役立つ発想のヒントが満載！　棋士生活30年を越え、常にトップを走り続ける天才の卓越した思考力、持続力、発想力はどこから湧き出るのか。自身の言葉で明らかにする。
は-50-1

藤沢武夫
経営に終わりはない
戦後、町工場から世界的優良企業へと飛躍した本田技研。本田宗一郎との二人三脚で「ホンダ」を育てあげた名経営者・藤沢武夫が初めて明かす自らの半生と経営理念。ビジネスマンの必読書。
ふ-15-1

星野　源
働く男
働きすぎのあなたへ。働かなさすぎのあなたへ。音楽家、俳優、文筆家の星野源が、過剰に働いていた時期の自らの仕事を解説した一冊。ピース又吉直樹との「働く男」同士対談を特別収録。
ほ-17-2

水野敬也
「美女と野獣」の野獣になる方法
百七十万部ベストセラー『夢をかなえるゾウ』の著者が体験から生み出した「必ず女性にもてる恋愛理論満載の実践書」。クリスマスを彼女と過ごす必勝法を伝授する袋とじ付録付き！
み-35-2

英『エコノミスト』編集部（東江一紀・峯村利哉　訳）
2050年の世界
英『エコノミスト』誌は予測する
バブルは再来するか、エイズは克服できるか、SNSの爆発的な発展の行方は……グローバルエリート必読の「エコノミスト」誌が、20のジャンルで人類の未来を予測！　（船橋洋一）
エ-9-1

シーナ・アイエンガー（櫻井祐子　訳）
選択の科学
コロンビア大学ビジネススクール特別講義
社長は平社員よりなぜ長生きなのか。その秘密は自己裁量権にあった。二十年以上の実験と研究で選択の力を証明。NHK白熱教室で話題になった盲目の女性教授の研究。　（養老孟司）
S-13-1

（　）内は解説者。品切の節はご容赦下さい。

石井好子
パリ仕込みお料理ノート
とろとろのチーズトーストにじっくり煮込んだシチュー……パリで「食いしん坊」に目覚めた著者の、世界中の音楽の友人と、忘れがたいお料理に関する美味しいエッセイ。（朝吹真理子）
い-10-4

横見浩彦・牛山隆信
すごい駅！
秘境駅、絶景駅、消えた駅
板切れホームの哀愁漂う北星駅。超絶崖っぷちにある定光寺駅。惜しまれつつ廃止となった石北本線の駅の数々——。テツの神が日本最高の駅を語り尽くした伝説的対談！　鉄旅必携！
う-33-1

神崎隆洋
いい家は無垢の木と漆喰で建てる
一流住宅メーカーの建材がいかにひどいかを具体的な例を挙げて説明し、ヒバや杉など自然素材を使った住宅建設の重要性を説く。大論争になったロングセラー、待望の文庫化。
か-45-1

姜　尚美
何度でも食べたい。
あんこの本
京都、大阪、東京……各地で愛されるあんこ菓子と、それを支える職人達の物語。名店ガイドとしても必携。7年半分の「あんこ日記」も収録し、東アジアあんこ旅も開始！（横尾忠則）
か-76-1

勝間和代
2週間で人生を取り戻す！
勝間式 汚部屋脱出プログラム
収納破産状態の自宅を、一念発起して「断捨離」。すると、生活全般の質が向上した！　著者の「仕組み」作りの力を存分に発揮して構築した、一生リバウンドしない片付け術を大公開。
か-79-1

岸本葉子
もっとスッキリ暮らしたい
ためない心の整理術
仕事に家事にと多忙な日々を送る女性に、暮らしの中で簡単にできる整理法や心がけを提案。こまめの小掃除で、生活が大きく違ってきます。心身共に気持ち良く生きるヒント満載！
き-18-13

（　）内は解説者。品切の節はご容赦下さい。

白井明大　絵・川原真由美
旬を楽しむ
日めくり七十二候
旬はおいしい、旬は楽しい、旬はうれしい。古くから日本人になじんだ季節のうつろい七十二候。草花、食べ物、年中行事。忙しさに追われ忘れてしまった美しい日本を感じる一日一話。
し-58-1

田宮俊作
田宮模型の仕事
子どもの頃、誰もが手にしたことのあるプラモデル。そのプラモデルはどのように誕生し、成長していったのか。「世界のタミヤ」と呼ばれるようになった田宮模型の社長が語るその歩み。
た-45-1

辰巳芳子
食といのち
母娘2代にわたって日本の風土に適した食を探求してきた料理家が、「食といのち」をめぐり、福岡伸一氏ら各界の第一人者四人と対談。いのちを養う粥、スープのレシピも収録。
た-73-2

中村　元
水族館哲学
人生が変わる30館
廃館寸前の水族館を斬新な手法で蘇らせてきた水族館プロデューサーの著者。水族館について全てを知り尽くす著者が30館を紹介。オールカラー写真満載のユニークな水族館ガイド。
な-76-1

野村順一
色の秘密
色彩学入門
人はピンクで若返り、黒い服はシワを増やす。目や皮膚を通してその心理に働きかけ、生死をも左右する色の謎を科学的に解明した商品色彩学の権威・商学博士の快適色彩生活のススメ。
の-21-1

吉沢久子
もうすぐ100歳、前向き。
豊かに暮らす生活術
賢く年を重ね、生き生きと日々の暮らしを楽しむ著者。自分を甘やかさず自立する、心地よく人と付き合う方法など、自分で考え行動する事の大切さを説き、老いに向き合う術を伝授。
よ-38-2

（　）内は解説者。品切の節はご容赦下さい。

五木寛之
杖ことば
心に残る、支えになっている諺や格言をもとにした、著者初の語り下ろしエッセイ。心が折れそうなとき、災難がふりかかってきたとき、老後の不安におしつぶされそうなときに読みたい一冊。

い-1-36

上野千鶴子
おひとりさまの老後
結婚していてもしてなくても、最後は必ずひとりになる。でも、智恵と工夫さえあれば、老後のひとり暮らしは怖くない。80万部のベストセラー、待望の文庫化！（角田光代）
う-28-1

上野千鶴子
男おひとりさま道
80万部を超えたベストセラー「おひとりさまの老後」の第二弾。死別シングル、離別シングル、非婚シングルと男性〝おひとりさま〟向けに、豊富な事例をまじえノウハウを指南。（田原総一朗）
う-28-2

上野千鶴子
ひとりの午後に
世間知らずだった子供時代、孤独を抱えて生きていた十代のころ……。著者の知られざる生い立ちや内面を、抑制された筆致で綴ったエッセイ集。（伊藤比呂美）
う-28-3

上野千鶴子
上野千鶴子のサバイバル語録
「万人に感じ良く思われなくてもいい」『相手にとどめを刺さず、もてあそびなさい』——家族、結婚、仕事、老後、人生を前向きに生きたいあなたへ。過酷な時代を生き抜く140の金言。

う-28-4

岡田斗司夫
レコーディング・ダイエット決定版　手帳
岡田斗司夫氏考案の「レコーディング・ダイエット」を実践するための手帳。日々の食べたものと体重と、体脂肪率を記録して、自己管理の習慣を身につけて、太らない体に「変身」しよう。

お-29-3

加納朋子
無菌病棟より愛をこめて
愛してくれる人がいるから、なるべく死なないように頑張ろう。急性白血病の告知を受け仕事も家族も放り出しての緊急入院、抗癌剤治療、骨髄移植——人気作家が綴る涙と笑いの闘病記。

か-33-5

（　）内は解説者。品切の節はご容赦下さい。

川上未映子
きみは赤ちゃん
35歳で初めての出産。それは試練の連続だった！　芥川賞作家の鋭い観察眼で「妊娠・出産・育児」という大事業の現実を率直に描き、多くの涙と共感を呼んだベストセラー異色エッセイ。

か-51-4

川﨑宗則
逆境を笑え
野球小僧の壁に立ち向かう方法
アメリカで最も愛される日本人ベースボールプレイヤー、川﨑宗則。米球界に挑戦しつづける不屈の男は、失敗を恐れず、「苦しい時こそ前に出る」。超ポジティブな野球小僧の人生論。
か-70-1

勝間和代
勝間式 汚部屋脱出プログラム
2週間で人生を取り戻す！

収納破産状態の自宅を、一念発起して「断捨離」。すると、生活全般の質が向上した！　著者の「仕組み」作りの力を存分に発揮して構築した、一生リバウンドしない片付け術を大公開。

か-79-1

岸本葉子
ためない心の整理術
もっとスッキリ暮らしたい
仕事に家事にと多忙な日々を送る女性に、暮らしの中で簡単にできる整理法や心がけを提案。こまめの小掃除で、生活が大きく違ってきます。心身共に気持ち良く生きるヒント満載！
き-18-13

倉嶋　厚
やまない雨はない
妻の死、うつ病、それから…

伴侶の死に生きる気力をなくした私は、マンションの屋上から飛び下り自殺をはかった……。精神科に入院、ようやく回復するまでの嵐の日々を、元NHKお天気キャスターが率直に綴る。

く-23-1

近藤　誠
抗がん剤だけはやめなさい
死んだ患者を生きているように見せかける、転移を隠して縮小効果をうたう——「抗がん剤村」が駆使する認可取得の手口をすべて書く。近藤がん理論の最新版にして集大成。（後藤正治）
こ-22-8

近藤　誠
何度でも言う　がんとは決して闘うな
無意味な外科手術、効かない抗がん剤、人権を無視した治験を批判し、がん治療の常識を覆した反骨の医師。その到達点「がん放置療法」を提唱するに至る思考の軌跡を本人の肉声で語る。

こ-22-9

（　）内は解説者。品切の節はご容赦下さい。

鈴木秀子
死にゆく者からの言葉
死にゆく者たちは、その瞬間、自分の人生の意味を悟り、未解決のものを解決し、不和を和解に、豊かな愛の実現をはかる。死にゆく者の最後の言葉こそ、残された者への愛と勇気である。
す-9-1

立花　隆
臨死体験（上下）
まばゆい光、暗いトンネル、そして亡き人々との再会——人が死に臨んで見るという光景は、本当に「死後の世界」なのか、それとも幻か。人類最大の謎に挑み、話題を呼んだ渾身の大著。
た-5-9

辰巳芳子
食といのち
母娘2代にわたって日本の風土に適した食を探求してきた料理家が、「食といのち」をめぐり、福岡伸一氏ら各界の第一人者四人と対談。いのちを養う粥、スープのレシピも収録。
た-73-2

田部井淳子
それでもわたしは山に登る
世界初の女性エベレスト登頂から40年。がんで余命宣告を受け治療を続けながらも常に前を向き、しびれる足で大好きな山に登りつづけた——惜しまれつつ急逝した登山家渾身の手記。
た-97-1

ちきりん
未来の働き方を考えよう
人生は二回、生きられる
先の見えない定年延長が囁かれる中ホントに20代で選んだ仕事を70代まで続けるの？　月間200万PVを誇る人気ブロガーが説く「人生を2回生きる」働き方。（柳川範之）
ち-7-1

つばた英子・つばたしゅういち
きがたり ときをためる暮らし
夫婦合わせて一七一歳。自宅のキッチンガーデンで野菜を育て、手間暇を惜しまず半自給自足の生活を営む。常識にとらわれず自己流を貫いてきた二人から、次世代への温かなメッセージ。
つ-24-1

藤原智美
つながらない勇気
ネット断食3日間のススメ
ことばがデジタル化への変貌を遂げている今こそ、人間本来の思考力と想像力を取り戻し、豊かな人間関係を築き孤独に耐える力を培う為に、書きことばの底力を信じよう。（山根基世）
ふ-29-2